千三百年前の外圧が日本を作った

日本史の誕生

東亞視野下的日本建國史

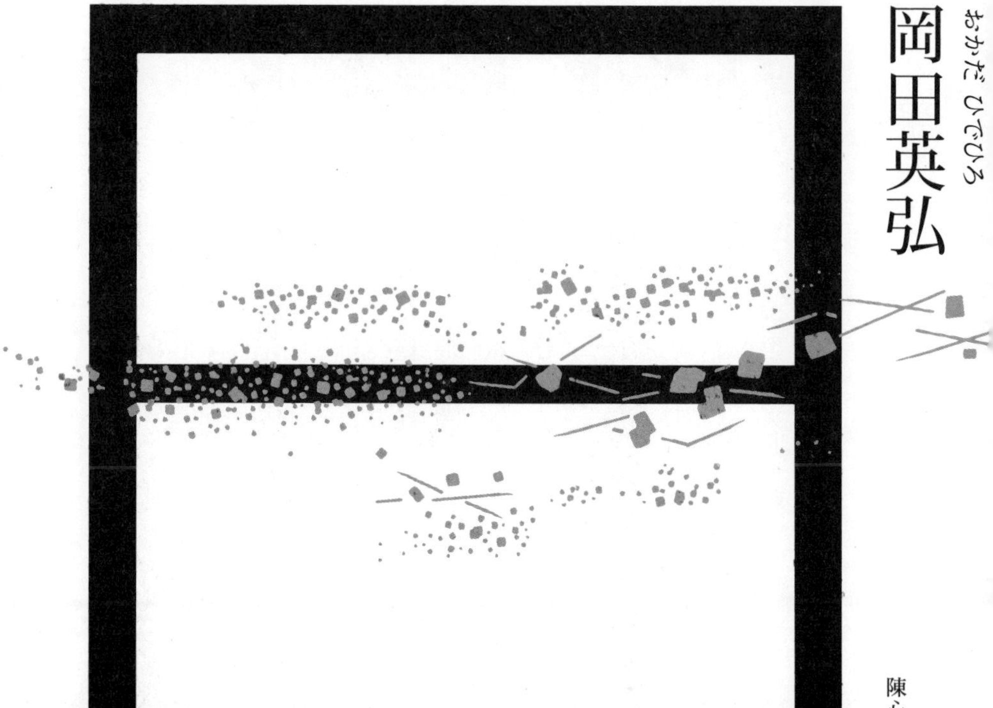

おかだ ひでひろ
岡田英弘

陳心慧 譯

序章

如何看待日本的歷史

❖ 作為世界史一部分的日本史

什麼是歷史

日本的歷史當然必須當作是世界史的一部分書寫。然而，這個理所當然的事做起來卻不是這麼容易。

主要的原因有兩個。第一，至今為止的日本史都僅是日本的歷史，與日本列島外的世界沒有任何關聯。第二，目前還沒有一本可稱得上是真正世界史的史籍，有的僅是勉強混雜中國史和西歐史而成的歷史。然而，二者有如水與油一般，是完全不同的東西。

歷史是將人類看世界的方式用語言表達出來的東西。看世界的方式有很多種，而歷史看的不是人類可以感受到的現在世界，而是已經無法感受的過去世界。因此，歷史表現的是書寫者的主張，即由於過去的世界是這樣，所以現在才會如此。歷史絕不是單純地記錄事實，而是為了正當化某一個立場而寫下的東西。

最初的史書決定國家的性格

每一本歷史都有各自的立場與主張，無論是哪一個文明，最初寫下的歷史都決定了那一個文明的性格，具有決定「這一個文明的人是什麼樣的人」的力量。

日本第一本寫下的歷史是《日本書紀》。這是作為日本建國事業的一環，由天武天皇下令編纂，從六八一年開始，於七二〇年完成。《日本書紀》是為了正當化日本的建國而寫下的史書，其立場為「日本國」這個統一國家具有古老的傳統，早在西元前七世紀時就獨自以日本列島為領土建國，與中國和韓半島沒有關係。之後的千秋萬世皆由日本天皇統治。

由於《日本書紀》的主張與中國或韓半島的文獻不符，因此現代的歷史學家普遍認為其內容與事實相反。話雖如此，日本依舊難逃《日本書紀》框架的影響。那是因為，關於七世紀之前的日本列島政治史，只有《日本書紀》這一文本。雖然還有一本《古事記》，但如同之後的詳細說明，這是九世紀初平安時代初期的偽作，其框架與《日本書紀》完全一樣。然而，就算將《日本書紀》與《古事記》對照閱讀，也無法有效超越《日本書紀》的主張。因此，唯一的方法就是將《日本書紀》反映出的七世紀建國當時的政治情勢列入考量，逐一判斷每一項記事的價值。

這種方法稱作「來源批判」，屬於歷史學正規的手法。但只知道日本史的歷史學家很容易就會被《日本書紀》的框架牽著鼻子走，所以為了跳脫《日本書紀》的框架，則必須同時具備中國史與韓半島史的知識。

然而，困難就困難在這裡。無論是中國還是韓半島，囫圇吞棗般地全面接受過去歷史書的主張是一件非常危險的事。這些歷史書既然是歷史，那麼無論是中國還是韓半島，都是為了主張自己擁有獨自的起源、屬於擁有成為獨立國家宿命的文明，所以才會編纂歷史。以持有這種主張的歷史書為材料進行研究的中國史或韓半島史專家，他們的想法很容易就受到這些歷史書框架的影響。

就這樣產生所謂的「定說」，進而成為「眾所皆知的事實」，記載進了歷史教科書或歷史辭典之中。然而，這些定說多半是未經過充分檢驗就加以流傳的東西，因此對於定說採取懷疑的態度才是比較安全的做法。

中國的起源

中國真正的起源是西元前二二一年秦始皇統一中原的眾多城市國家，歷史不過約二千二百年。在此之前，住在中原的是擁有不同生活型態的蠻、夷、狄、戎，後來的中國人其實是這些異族的混血。

然而，西元前一〇〇年左右，司馬遷寫下了中國的第一本歷史——《史記》。當中採用的立場是，中國自黃帝以來就是中國人的天下，一直都是由正統的帝王統治。中國之後的所有史書皆忠實地沿襲《史記》的框架，結果造成了「中國歷史五千年，一直以來都持有不變的高度文明，雖然有時會被北方的野蠻人征服，但征服者很快就會被同化，不會造成影響」這種充滿中華思想的歷史觀根深蒂固。

不僅是中國人，日本的中國史學家也只閱讀根據《史記》歷史觀寫成的史料，因此沒有發現中國史料的偏頗，被中華思想的框架制約而不自知。就算有所發現，也不知道該如何修正中國史料的偏頗。在這樣的狀態之下，從中國史的立場很難對日本史做出貢獻。

韓國的起源

韓半島史與日本史也有不同。與位於亞洲大陸旁邊海上的日本列島不同，韓半島是與滿洲和中國相接，因此無法寫出如《日本書紀》一般，獨善其身、具有排他性的歷史。

韓半島的政治史從流亡的中國人在平壤建立朝鮮王國開始。從西漢武帝征服朝鮮王國、設置四郡的西元前一〇八年起，一直到中國軍撤退、樂浪郡與帶方郡遭到廢除的三一三年為止，韓半島一直都是在中國支配下的殖民地。任誰也無法否定這段中國史。

現存最古老的韓半島歷史是高麗王朝的金富軾於一一四五年所寫的《三國史記》。《三國史記》的編寫目的在於彰顯金富軾的祖先新羅王室，統一韓半島、承襲高麗王朝的功績。

根據《三國史記》的記載，新羅於西元前五七年建國。這是西漢昭帝於西元前八二年廢除韓半島南部的真番郡後，最初的甲子之年。這也代表韓半島初期的歷史是中國史的一部分。

韓半島是於新羅統一韓半島南部的六六〇年代之後，才脫離中國史的框架，走上獨自的道路。新羅的韓半島統一是唐帝國於六六〇年滅百濟、六六八年滅高句麗所帶來的結果。

真正的韓國（朝鮮）文明是於七世紀後半開始發展，在此之前的韓半島文明與其說是獨立的文明，不如說是中國文明的地方版。

這一點，建國之前的日本列島文明也相同。日本文明與韓國文明都建立在中國文明的基礎之上，於六六〇年代同時開始發展，因此韓國文明是日本文明源流的主張是非常嚴重的時代錯誤。

日本史的框架僅適用於「日本」這個國家成立之後。日本建國之前沒有國境，當然也就沒有國內與國外的區別。

因此，七世紀日本建國以前的歷史既不是日本史，也不是日本古代史，而是橫跨日本列島、韓半島、滿洲、中國的歷史，可說是廣義的中國史。在這一層意義之下，中國史也就是日本建國之前的世界史。

中國史從西元前三世紀秦始皇統一中原開始，最初五百年的主角是秦、漢的中國人。以四世紀初發生的五胡十六國之亂為分界，中國人逐漸式微，出身北亞的遊牧民族成為了中國史的新主角。與此同時，滿洲、韓半島、日本列島也逐漸由原住民開始掌握主導權。這樣的狀態持續了三百年，之後出身遊牧民族的隋、唐再度統一中國，目標是重現過去秦、漢帝國的光榮，因而入侵滿洲、韓半島。七世紀新羅與日本之所以能夠各自建立獨立的國家，就是對唐入侵的反動，是針對中國的自衛手段。就像這樣，中國的內部雖然發生變化，但對於韓半島和日本列島的人們而言，中國的存在始終是一個威脅。

❖ 考古學和民族學無法取代歷史學

考古學

這裡有一點希望大家特別注意。那就是，考古學無法取代歷史學。由於歷史是將世界觀用語言表達出來，說到底是寫下來的語言資料，也就是建立在文獻的基礎之上。

至於考古學的對象是屬於物質文化表現的遺物，並非語言。無論如何精確追溯陶器樣式的變遷，或是挖出多少銅鐸、銅鏡、銅劍、鐵劍等，如果沒有寫成文字，或就算寫了，如果不是直接與政治相關的內容，那麼就無法成為歷史的材料。賦予歷史筋骨的是政治，而物質文化則是任誰都可以輕易借用的東西。

也就是說，就算日本列島的陶器文化從繩文陶器變成彌生式陶器，使用的人類並沒有換。另外，就算出土的人骨計測值從某一個地層開始變化，也不是因為舊的人類滅亡，又有新的人類進駐。只要不是世世代代都是家族內部通婚，那麼就不可能有純血種的人類。人類原本就是雜種。由於新的基因進入，因此體質會產生連續性的變化。

語言學・民族學

同樣的，語言學和民族學也無法取代歷史學。

語言學無論有多大的成果，所謂語言的系統是用來表達語言與語言之間的相似與相異之處，並非用來表達說話者的血統關係。語言並非遺傳，而是人被生下之後與周遭的人接觸，進而習得的東西。而且人不一定只會說一種語言，能夠根據對象使用不同語言的人也不稀奇。因此，不能夠將語言的系統樹誤解成人類的家系圖，認為其與歷史的紀錄具有同樣價值。

這一點，民族學也相同。民族文化的類型不過是現代民族學家透過觀察，解釋屬於不同社會的人們的行為而成，每一個觀察的民族學者都有不同的解釋，就算是同一個社會，下一代人的行為或許也會與上一代完全不同。因此，文化的類型也不是有用的歷史史料。

就像這樣，考古學、語言學、民族學的成果在寫歷史的時候可以當作參考，但絕對無法發揮參考資料以上的功效。用這些成果當作主要材料寫歷史是絕對不可能的事。

神話・意識型態

再次強調，歷史是世界觀的語言表現，並不單純是事實的紀錄。

這一點，歷史與神話、意識型態非常相似，但與神話和意識型態有一個決定性的不同。神話與歷史同樣是說明世界為什麼會成為現在的樣子。然而，扮演神話主角的神明超越了時間，並非過去生活在現實世界的人類。因此，現實生活裡不可能發生的事，在「以前」、「古代」等神話裡的時間都有可能發生。神話要傳達的並非過去的世界，而是反映出了創造該神話的時代樣貌。

至於意識型態描繪的則是未來世界應有的樣子，主張現在的世界應該朝其邁進。

無論是《聖經》、《古蘭經》、馬克思的著作，還是其他根據神啟的聖典，當中的字句都不允許改變。因此，當意識型態與現實不合的時候則無法修正。當與現實不合的時候，容易陷入「意識型態正確，而現實錯誤」的原理主義之中。關於這一點，歷史根據的是文獻史料，因此時間愈久累積的文獻愈多，則愈有必要重新審視、修正理論。由於能夠做到這一點，因此更能反映現實。

資料來自中國的正史與《日本書紀》

關於日本建國之前的歷史，若想要寫出合理的內容，那麼主要的資料還是依據從《史記》開始的中國正史和《日本書紀》。其他的資料都僅是用來輔助。然而，若僅是依據這些史料當中的隻字片語，任憑想像力馳騁，那就寫不出合理的歷史。無論是哪一種史料，能夠找出的資訊都有其限度。另外，也有許多事是後世的人覺得重要，但當時的人卻不以為意而沒有加以記載。就像這樣，歷史也有其極限。在這樣的認知之下，利用能夠利用的史料，盡量勾勒出現在世界深處那個過去的世界，這才是歷史。

如果希望將日本列島放在正確的位置上撰寫世界史，那麼就必須超越日本的國史、韓半島的國史、中國的國史等框架，從歐亞大陸與日本列島共通的角度出發。這個角度當然不能被現代任何國家的利害或國民情感所左右。現代的國家或國民的概念僅能追溯到十八世紀末。由於起源尚淺，因此不適合將十八世紀以前與現代做一貫性的歷史敘述。

希望寫出真正世界史的歷史學家應持有的立場是，排除眼前所有的利害、理想或是情感，僅以理論追根究柢，解釋並綜合史料。如果站在這樣的立場撰寫歷史，那麼寫出來的歷史則可以超越歷史學家的個人意見，成為有可能被所有人接受的「真相」。日本的歷史就應該這麼做。

本書統一將英文寫作「Korea」的對應地域稱作「韓半島」，而非「朝鮮」或「朝鮮半島」。「朝鮮」原本是種族的名稱，指的是居住在大同江、漢江溪谷的住民。西元前一九五年，流亡的中國人在平壤建立王國，「朝鮮」成為了該王國的國號。西元前一〇八年，西漢武帝消滅朝鮮王國，在該地設置樂浪郡等四郡後，這裡的「朝鮮」人被中國人同化。無論是馬韓、辰韓、弁辰的三韓時代，還是高句麗、百濟、新羅的三國時代，又或是新羅王國的統一時代、高麗王朝的時代，這個半島都曾被稱為「三韓」，但卻從來沒被稱作「朝鮮」。直到中國的明太祖洪武帝於一三九三年為了讓李成桂即位取代高麗王朝，才又選定「朝鮮」為新的國號。

由於有這樣的歷史背景，因此用「朝鮮」或「朝鮮半島」稱呼十四世紀之前的半島是時代的錯誤。而「韓國」、「大韓」、「大韓民國」則是二十世紀特定共和國的簡稱，用來當作歷史名稱，則時代更是錯得離譜。然而，如果是「韓」

的話，則是早在一世紀時就出現在中國紀錄中的種族名稱，且之後統一半島的新羅是「韓」族之一的辰韓的直系，因此將其統一的範圍稱作「韓半島」比較合理。這就是我採用「韓半島」的理由。

書中漢字名詞的旁邊會標上假名，讓大家讀起來更方便。除了可以推測原因的漢字音之外，原則上依照現代假名的規則標上讀音。然而，出自《日本書紀》、《萬葉集》等日本古籍的漢字地名、人名，則採用古典假名的規則標是讀音。例如，「難波」的讀音非標作「naniwa」或「nanba」，而是「naniha」。主要是為了更接近史料寫成當時的讀法。[1]

1〔編註〕此段所指為日文版之行文方式。

中國的正史

中國的正史從《史記》開始至《明史》為止，共二十四本，皆是以〈本紀〉和〈列傳〉為主的「紀傳體」書寫，是皇帝公認的史書。在這裡總稱「二十四史」。清朝雖然有《清史稿》，但由於是在中華民國時代完成，沒有皇帝來公認，因此不算在正史之內。

1	《史記》	130卷	西漢・司馬遷的著作
2	《漢書》	100卷	東漢・班固的著作
3	《後漢書》	120卷	南朝宋・范曄的著作
4	《三國志》	65卷	晉・陳壽的著作
5	《晉書》	130卷	唐・房玄齡等的著作
6	《宋書》	100卷	梁・沈約的著作
7	《南齊書》	39卷	梁・蕭子顯的著作
8	《梁書》	56卷	唐・姚思廉等的著作
9	《陳書》	36卷	唐・姚思廉等的著作
10	《魏書》	114卷	北齊・魏收的著作
11	《北齊書》	50卷	唐・李百藥等的著作
12	《周書》	50卷	唐・令狐德棻等的著作
13	《隋書》	85卷	唐・魏徵等的著作
14	《南史》	80卷	唐・李延壽的著作
15	《北史》	100卷	唐・李延壽的著作
16	《舊唐書》	200卷	五代後晉・劉昫等的著作
17	《新唐書》	225卷	宋・歐陽修等的著作
18	《舊五代史》	150卷	宋・薛居正等的著作
19	《五代史記》	74卷	宋・歐陽修等的著作
20	《宋史》	496卷	元・脫脫等的著作
21	《遼史》	116卷	元・脫脫等的著作
22	《金史》	135卷	元・脫脫等的著作
23	《元史》	210卷	明・宋濂等的著作
24	《明史》	332卷	清・張廷玉等的著作

日本的六國史

「六國史」是日本的正史，但與中國的正史不同，採用的是「編年體」。記述從西元前六六〇年神武天皇即位開始，一直到八八七年光孝天皇駕崩為止。十世紀之後就沒有再編纂過正史。

1	《日本書紀》	30卷	舍人親王等的著作
2	《續日本紀》	40卷	藤原繼繩等的著作
3	《日本後紀》	40卷	藤原冬嗣等的著作
4	《續日本後紀》	20卷	藤元良房等的著作
5	《日本文德天皇實錄》	10卷	藤原基經等的著作
6	《日本三代實錄》	50卷	藤原時平等的著作

第一部

倭國過去是中國世界的一部分

第一章

邪馬台國過去是中國的一部分

❖〈魏志倭人傳〉的閱讀方式

邪馬台國風潮

以一九四五年為界，《日本書紀》、《古事記》的建國神話從日本的國史中遭到放逐。為了填補這一段空白，拿出了考古學的發掘資料，而至今沒有好好受到重視或利用的中國文獻資料也一一華麗登場。

對於考古學家而言，很遺憾的，日本列島極少有刻有文字的遺物出土。就算有，也都是一些斷簡殘片，根本無法用來從根本重寫《日本書紀》等的記述。若想要脫離神話、真正知道日本人的起源，那麼就必須弄清楚日本建國的歷史。由於歷史是語言描述出來的東西，所以不屬於考古學的範圍，而是文獻史學的領域。於是，中國的正史當中又以〈魏志倭人傳〉最受到吹捧，出現了所謂的卑彌呼風潮、邪馬台國風潮。

的確，〈魏志倭人傳〉所描繪的三世紀日本列島，情景的確十分美麗。倭地的自然環境「草木茂盛，行不見前人」、倭人的風俗「男子皆黥面紋身，以其文左右大小，別尊卑之差」、邪馬台國的女王「事鬼道，能惑眾，年已長大，無夫婿」等，所有描述對於現代的我們而言，都滿足了對於過去應有樣貌的想像，浪漫主義的訴求力強。於是，無論是歷史學的門外漢還是專家都先入為主地認為〈魏志倭人傳〉忠實記錄了三世紀的日本列島，熱衷於擺弄倭人諸國的方位和里程記事，將實際上與日本列島地理不合的邪馬台國放在符合自己想法的位置上。

對三世紀中國而言的日本

然而，歷史學的正道應該是從探討〈魏志倭人傳〉在三世紀這個時代，為什麼以及用何種方式寫成？〈魏志倭人傳〉文獻的本質為何？等問題開始。〈魏志倭人傳〉的存在本身，我們應該要問的是，對於三世紀的中國而言，日本列島代表什麼意義？這是一個根本的問題。遺漏這一個根本性的問題，僅僅在

〈魏志倭人傳〉的框架當中試圖復原日本的建國前史，無論怎麼努力都可以說是白費。

剛才我說無法從〈魏志倭人傳〉復原日本的歷史，我指的是，〈倭人傳〉並非為了描繪三世紀日本的實況而寫成的史籍。大家不要誤會，我並非說包含〈倭人傳〉在內的《三國志》作者陳壽是一個故意扭曲事實的騙子。我的意思是，〈魏志倭人傳〉記錄的是魏朝中國的皇帝與倭人諸國之間的政治關係，倭國的方位、里程、風俗等我們有興趣的內容不過是附加的紀錄。對於陳壽個人而言，他完全沒有理由特別關心當時的日本。其實這也是非常理所當然的事。

❖ 特殊的中國歷史觀

歷史的意義不同

有一件事情我必須特別強調。那就是，「歷史」這個詞彙在歐洲、日本、中國所代表的意義完全不相同。在歐洲，從希羅多德的時代開始，「歷史」(historia)指的是人類的傲慢惹怒眾神，最後招致毀滅的過程。因此，無論是哪一本史書，就算沒有正面讚美神明的榮光，人類意志力的強大與實力的極限，兩者之間的差距所帶來的悲壯之美都是史書的主題。也就是說，這是希臘的悲劇。

相反的，中國既沒有奧林帕斯諸神，也沒有雅威[1]或阿拉，中國有的是「天」。天的意志為「天命」，透過對人民皇帝的態度顯現在人間。也就是說，「天」就是政治本身。再進一步說，「確保人民支持的能力」成為了中國皇帝的資格，擁有這個能力的人就是「承襲天命」。而記錄皇帝如何證明自己擁有這個資格，又或是如何喪失這個資格，這就是中國的「歷史」。而中國史書的結構也順著這個歷史的本質。

自司馬遷撰寫《史記》以來，正史一直用的是紀傳體。〈魏志倭人傳〉的原籍《三國志》也是用紀傳體寫成的正史，其中心的〈本紀〉，記載的不是皇帝個人，而是身為政治機關，皇帝發揮了什麼樣的機能。而〈列傳〉並非我們一般認為的個人傳記，其主要目的是記載與皇帝身處同一個時代的人，在與皇帝的關係中處在什麼樣的位置、做了什麼事。

至於皇帝無法直接統治的地域，當地民族與皇帝有著什麼樣的關係，同樣以列傳的形式寫成，〈倭人傳〉便是其中之一。《三國志》〈魏書〉中的〈東夷傳〉

1〔編註〕猶太教尊崇的最高神名稱，由四字神名（YHWH）加上母音組成，另一個寫法為耶和華。這個神名最早可能是起源於埃爾神（El）的別名，在以色列王國與猶太王國時期出現。

《三國志》的架構

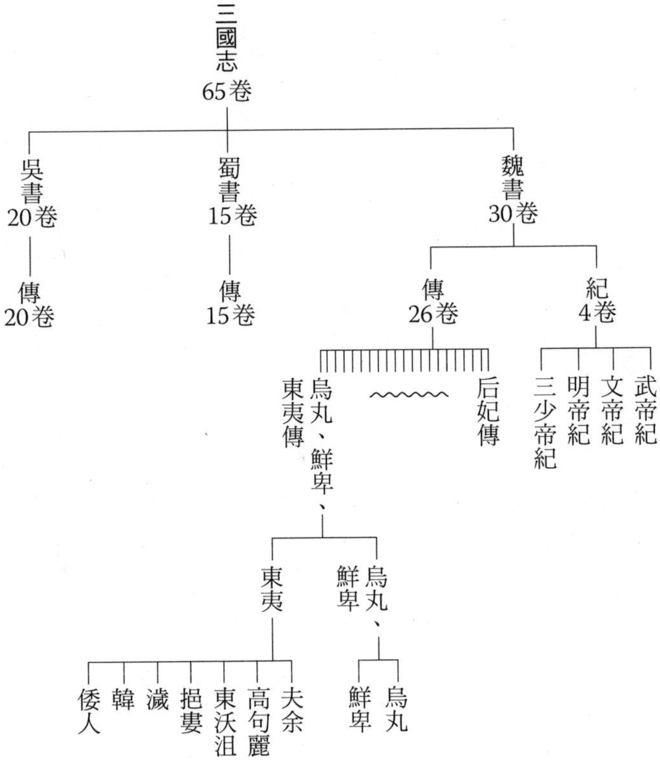
三國志 65卷
吳書 20卷
傳 20卷
蜀書 15卷
傳 15卷
魏書 30卷
傳 26卷
紀 4卷
后妃傳
烏丸、鮮卑、東夷傳
武帝紀
文帝紀
明帝紀
三少帝紀
烏丸、鮮卑
東夷
烏丸
鮮卑
夫余
高句麗
東沃沮
挹婁
濊
韓
倭人

就是這種列傳。

正史的列傳就算是針對某一個特定的人物，這個人在生前過著什麼樣的生活、持有什麼樣的思想、有過什麼樣的喜怒哀樂等，原則上如果這些和皇帝沒有某種形式上的關聯，則一概不予記載。

因此，異族的列傳也一樣，記錄這些人創造了什麼樣的社會、生活形式為何、說著什麼樣的語言並非主要目的。重要的是，該民族與中國的皇帝維持了什麼樣的關係，僅此而已。

如果僅是囫圇吞棗地全盤接受在這種目的下寫成的〈魏志倭人傳〉，認為所有內容都是事實，並以此為基礎試圖找出三世紀日本的內情，這麼做到底能夠看到多少古代日本的真相，實在令人擔心。

❖ 中國史書的虛構

真相的意義也不相同

也許有人會反駁，就算〈魏志倭人傳〉不是為了記錄三世紀的日本內情而寫成的史書，但當中還是真實記錄了當時中國人的見聞真相。然而，令人困擾的是，中國人與日本人之間，對於何謂真相的定義也不相同。

會這麼說是因為，中國與日本的審美偏好極端不同。說到底，真相也是相對的東西。無論東洋或西洋，對於何謂真相最後都是主觀的判斷，而判斷的基準是當事人覺得真相應該如何之非理論性先入為主的觀念。這種先入為主的觀念差異，最容易呈現在記錄某一件事情的時候。例如，很多人在看日本雜誌上關於歐美對於日本的評論時，會發現歐美人對於事物的感受，竟然與日本人有著如此大的差異。並非歐美人無知，而是因為就算是同一件事，歐美人與日本人對於真相的選擇基準也有著很大的不同。至於中國人和日本人，這個選擇的基準也完全不一樣。

對於日本而言，「歷史」是將理論放在一邊，記錄何時、何地、發生了何事，非常關心每一件事的細節。自八世紀《日本書紀》出現以來，無論是哪一本史書都依照年月日的順序陳述。說穿了，不過是寫得詳細一點的年表。

日本人對於細節的執著也反映在電影、電視劇等。沒有任何情節發展，只是在喝茶、問候、吃飯，大部分描繪的都是日常生活，很少會發生什麼大事。然而，對於不厭其煩收看這種不可思議的節目的日本人而言，歷史也不過只是一本自述小說。

然而，中國人卻不一樣。對於中國人而言，記錄的行為意味寫下應該發生的事。在歷史的紀錄上，如果事情的發展不如預期，那麼便不加以記錄，又或寫下的是記錄者的理想，讓世界變得更美好。這經常出現在近代中國的日記當中，當將這些日記與外國人的紀錄對比時，會發現許多出入。這並不是說中國人天生就愛說謊，而日本人和歐美人特別誠實。對於中國人而言，他們記錄下的是配合其喜好的事實，這樣看起來才會更真實。

然而，不幸的是，日本人利用中國人的紀錄來撰寫如自述小說一般的「歷史」時，這個對於真相定義的差距，讓對於史料的解釋愈來愈亂了章法。

出現在《明史》當中的信長與秀吉

為了證明中國正史中關於日本的敘述對於日本人而言有多麼不可靠，所以讓我們一起來看看〈明史日本傳〉的敘述。

《明史》是明朝的正史，而這個時代是中國史上對於日本最感興趣的時代。倭寇不僅在海上作亂，且十六世紀末日本軍入侵朝鮮王國，前往救援的明軍也因此損傷慘重。不僅如此，明軍也因此被迫駐守韓半島長達八年的時間，消耗了大筆費用，最終成為了五十年後明朝被清朝取代的原因之一。為此，明末中國有許多關於日本的文章，資訊量大幅成長，原本應是整合這些資訊所寫成的〈明史日本傳〉，內容卻大多令人啼笑皆非。由於內容太過有趣，下面列舉其中一段介紹：

日本故有王，其下稱關白者最尊，時以山城州渠信長為之。偶出獵，遇一人臥樹下，驚起衝突，執而詰之。自言為平秀吉，薩摩州人之奴，雄健蹺捷，有口辯。信長悅之，令牧馬，名曰木下人……有參謀阿奇支者，得罪信長，命秀吉統兵討之。俄信長為其下明智所殺，秀吉方攻滅阿奇支，聞變，與部將行長等乘勝還兵誅之，威名益振。

❖ 根據二項報告書寫成的〈倭人傳〉

前往倭國的魏官吏二人

首先，姑且不論內容有多麼離譜，《明史》於一七三五年完成，而《三國志》則是於二八五年完成。就連〈明史日本傳〉記載的日本政治資訊都有如此大的錯誤，更不用說在此一千五百年前寫成的〈魏志倭人傳〉，且當時的日本對中

〈魏志倭人傳〉全文

倭人在帶方東南大海之中依山島爲國邑舊百餘國漢時
有朝見者今使譯所通三十國從郡至倭循海岸水行歷韓
國乍南乍東到其北岸狗邪韓國七千餘里始度一海千餘
里至對馬國其大官曰卑狗副曰卑奴母離所居絕島方可
四百餘里土地山險多深林道路如禽鹿徑有千餘戶無良
田食海物自活乘船南北市糴又南渡一海千餘里名曰瀚
海至一大國官亦曰卑狗副曰卑奴母離方可三百里多竹
木叢林有三千許家差有田地耕田猶不足食亦南北市糴

又渡一海千餘里至末盧國有四千餘戶濱山海居草木茂
盛行不見前人好捕魚鰒水無深淺皆沈沒取之東南陸行
五百里到伊都國官曰爾支副曰泄謨觚柄渠觚有千餘戶
世有王皆統屬女王國郡使往來常所駐東南至奴國百里
官曰兕馬觚副曰卑奴母離有二萬餘戶東行至不彌國百
里官曰多模副曰卑奴母離有千餘家南至投馬國水行二
十日官曰彌彌副曰彌彌那利可五萬餘戶南至邪馬壹國
女王之所都水行十日陸行一月官有伊支馬次曰彌馬升
次曰彌馬獲支次曰奴佳鞮可七萬餘戶自女王國以北其
戶數道里可得略載其餘旁國遠絕不可得詳次有斯馬國
次有已百支國次有伊邪國次有都支國次有彌奴國次有
好古都國次有不呼國次有姐奴國次有對蘇國次有蘇奴

萬曆二十四年刊　魏志三十

國次有呼邑國次有華奴蘇奴國次有鬼國次有爲吾國次
有鬼奴國次有邪馬國次有躬臣國次有巴利國次有支惟
國次有烏奴國次有奴國此女王境界所盡其南有狗奴國
男子爲王其官有狗古智卑狗不屬女王自郡至女王國萬
二千餘里男子無大小皆黥面文身自古以來其使詣中國
皆自稱大夫夏后少康之子封於會稽斷髮文身以避蛟龍
之害今倭水人好沈沒捕魚蛤文身亦以厭大魚水禽後稍
以爲飾諸國文身各異或左或右或大或小尊卑有差計其
道里當在會稽東冶之東其風俗不淫男子皆露紒以木緜
招頭其衣橫幅但結束相連略無縫婦人被髮屈紒作衣如
單被穿其中央貫頭衣之種禾稻紵麻蠶桑緝績出細紵縑
緜其地無牛馬虎豹羊鵲兵用矛楯木弓木弓短下長上竹

箭或鐵鏃或骨鏃所有無與儋耳朱崖同倭地溫暖冬夏食
生菜皆徒跣有屋室父母兄弟臥息異處以朱丹塗其身體
如中國用粉也食飲用籩豆手食其死有棺無槨封土作冢
始死停喪十餘日當時不食肉喪主哭泣他人就歌舞飲酒
已葬舉家詣水中澡浴以如練沐其行來渡海詣中國恒使
一人不梳頭不去蟣蝨衣服垢汚不食肉不近婦人如喪人
名之爲持衰若行者吉善共顧其生口財物若有疾病遭暴
害便欲殺之謂其持衰不謹出真珠青玉其山有丹其木有
柟杼豫樟楺櫪投橿烏號楓香其竹篠簳桃支有薑橘椒蘘
荷不知以爲滋味有獮猴黑雉其俗舉事行來有所云爲輒
灼骨而卜以占吉凶先告所卜其辭如令龜法視火坼占兆
其會同坐起父子男女無別人性嗜酒

萬曆二十四年刊　魏志三十

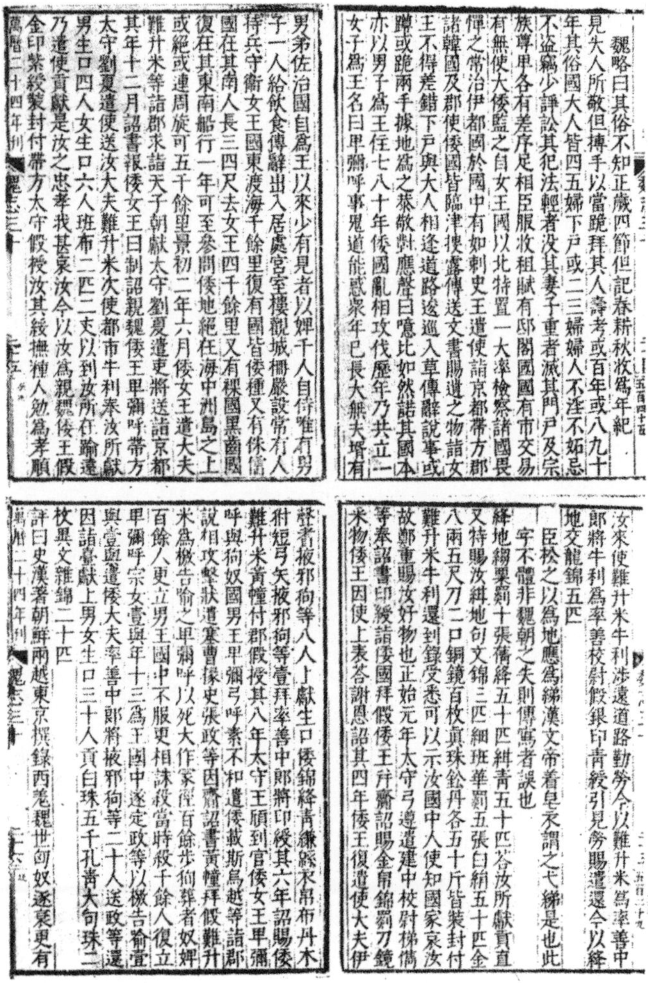

魏略曰其俗不知正歲四節但記春耕秋收爲年紀
見大人所敬但搏手以當跪拜其人壽考或百年或八九十
年其俗國大人皆四五婦下戸或二三婦婦人不淫不妬忌
不盜竊少諍訟其犯法輕者沒其妻子重者滅其門戸及宗
族尊卑各有差序足相臣服收租賦有邸閣國國有市交易
有無使大倭監之自女王國以北特置一大率檢察諸國畏
憚之常治伊都國於國中有如刺史王遣使詣京都帶方郡
諸韓國及郡使倭國皆臨津搜露傳送文書賜遺之物詣女
王不得差錯下戸與大人相逢道路逡巡入草傳辭說事或
蹲或跪兩手據地爲之恭敬對應聲曰噫比如然諾其國本
亦以男子爲王住七八十年倭國亂相攻伐歷年乃共立一
女子爲王名曰卑彌呼事鬼道能惑衆年已長大無夫壻有

男弟佐治國自爲王以來少有見者以婢千人自侍唯有男
子一人給飲食傳辭出入居處宮室樓觀城柵嚴設常有人
持兵守衛女王國東渡海千餘里復有國皆倭種又有侏儒
國在其南人長三四尺去女王四千餘里又有裸國黒齒國
復在其東南船行一年可至參問倭地絶在海中洲島之上
或絶或連周旋可五千餘里景初二年六月倭女王遣大夫
難升米等詣郡求詣天子朝獻太守劉夏遣吏將送詣京都
其年十二月詔書報倭女王曰制詔親魏倭王卑彌呼帶方
太守劉夏遣使送汝大夫難升米次使都市牛利奉汝所獻
男生口四人女生口六人班布二匹二丈以到汝所在踰遠
乃遣使貢獻是汝之忠孝我甚哀汝今以汝爲親魏倭王假
金印紫綬裝封付帶方太守假授汝其綏撫種人勉爲孝順

萬曆二十四年刊　魏志三十　二十五

汝來使難升米牛利涉遠道路勤勞今以難升米爲率善中
郎將牛利爲率善校尉假銀印青綬引見勞賜遣還今以絳
地交龍錦五匹
臣松之以爲地應爲綈漢文帝着皂衣謂之弋綈是也此
字不體非魏朝之失則傳寫者誤也
絳地縐粟罽十張蒨絳五十匹紺青五十匹答汝所獻貢直
又特賜汝紺地句文錦三匹細班華罽五張白絹五十匹金
八兩五尺刀二口銅鏡百枚眞珠鉛丹各五十斤皆裝封付
難升米牛利還到錄受悉可以示汝國中人使知國家哀汝
故鄭重賜汝好物也正始元年太守弓遵遣建中校尉梯儁
等奉詔書印綬詣倭國拜假倭王幷齎詔賜金帛錦罽刀鏡
采物倭王因使上表荅謝恩詔其四年倭王復遣使大夫伊

聲耆掖邪狗等八人上獻生口倭錦絳青縑緜衣帛布丹木
㺃短弓矢掖邪狗等壹拜率善中郎將印綬其六年詔賜倭
難升米黄幢付郡假授其八年太守王頎到官倭女王卑彌
呼與狗奴國男王卑彌弓呼素不和遣倭載斯烏越等詣郡
說相攻擊狀遣塞曹掾史張政等因齎詔書黄幢拜假難升
米爲檄告喩之卑彌呼以死大作冢徑百餘步徇葬者奴婢
百餘人更立男王國中不服更相誅殺當時殺千餘人復立
卑彌呼宗女壹與年十三爲王國中遂定政等以檄告喩壹
與壹與遣倭大夫率善中郎將掖邪狗等二十人送政等還
因詣臺獻上男女生口三十人貢白珠五千孔青大句珠二
枚異文雜錦二十匹
評曰史漢著朝鮮兩越東京撰錄西羌魏世匈奴遂衰更有

萬曆二十四年刊　魏志三十　二十六

國史並沒有特別大的影響。因此，認為三世紀的〈魏志倭人傳〉忠實呈現了三世紀日本內情的人，欠缺合理性。

想必大家已經瞭解，全面相信〈魏志倭人傳〉，並試圖從中探求邪馬台國的實體，是一件多麼危險的事。

仔細想想，出現邪馬台國爭議，不就證明了〈倭人傳〉不可信任。也就是說，〈倭人傳〉中有關倭國的地理記述與現實日本的地理完全不符，也就是虛構。而許多人卻花費了很大的精力在如何解釋才能與現實相符。

暫且將邪馬台國到底在哪裡這個問題放一邊，關於風俗習慣的部分又如何呢？這是最有趣的部分，雖然我很不想掃大家的興，但這方面的記述也是完全不可信。

〈魏志倭人傳〉的全文不超過二千字，其中三分之一都是有關風俗習慣的記事，當中交替出現有關風俗習慣和物產的記述，給人非常混亂的印象。如果將這些記述分成各自約二百字左右的四部分，則可以發現這是四篇獨立有關倭國風俗的敘述。想必這是陳壽擷取幾篇報告書的內容，不顧文章脈絡，硬接在一起的結果。

〈倭人傳〉中最值得信賴的是魏朝中國與倭國女王交涉的部分。從中可以看出，奉中央政府之命前往倭國旅行的魏朝官吏是二四〇年的梯儁和二四七年的張政，共二次。他們回去後都有向中央政府提出報告，而這些報告就是陳壽使用的原始資料。

二大派系

當時中國的大官就好像是日本大學醫學部的教授一樣，走到哪裡後面都跟著大批弟子。梯儁是帶方太守弓遵的弟子，而張政則是帶方太守王頎的弟子，由於二人派系不同，因此張政無法參考梯儁的報告書，所以對於倭國的情況，才會做出完全不同的描寫。至於陳壽，則不加思索地就將二人的報告混在一起，寫成了〈倭人傳〉。

這就是〈魏志倭人傳〉完全不得要領的理由。其實，旅行者的見聞很多都不可靠，容易充滿許多誤解。對於現代的日本人而言，最熟悉的外國應該就是美國了。然而，到現在都沒有看過任何一篇可以讓美國人點頭稱是的美國旅行記。因此，就算魏朝使者的報告書現在仍被保留下來，也不可盡信當中的內容。

❖〈倭人傳〉的真正價值

四百年以上都在中國的統治之下

既然如此，是否不可能從〈魏志倭人傳〉中得知日本建國之事呢？其實還是有可能的。下面我會詳細說明，但恐怕不是大家所希望聽到的內容。如果大家有不滿意之處，我也只能說真相總是殘酷的。

一言以蔽之，日本人在西元前二世紀中接受中國的統治，在長達四百年以上的時間，以支那語作為公用語，在中國皇帝的保護之下，過著和平的生活。到了西元四世紀初，中國發生巨大變動，皇帝喪失權力，日本不得不在政治上走向獨立，建立統一國家，之後日本才產生獨自的（？）日本文化。

〈魏志倭人傳〉真正的價值在於顯示，在發生這個巨大變動之前，於中國世界中，倭人的政治地位處在什麼樣的位置。

中國的商業路徑

中國與支那並非同義詞。中國至今都是多民族國家，除了漢（支那）族、蒙古族、滿洲族、西藏族、維吾爾族五大民族之外，還有許多少數民族，在古代時也一樣。

夏、殷、周等古代王朝皆是以黃河的渡河點洛陽和鄭州附近為中心的城市國家，這些城市國家多半是從港口的市集開始發展。商人集團的領袖成為了「王」，就好像漢薩同盟（中世紀支配北歐商業圈的北德意志城市同盟）一般，這個領袖必須經常「往」返加盟王國的城市，解決同盟內的紛爭，因此被稱為「王」。「往」與「王」雖然聲調不同，但發音相同。這就是中國皇帝的原型。

貿易路徑從王都開始向四方延伸，商品也從這些路徑流通。東方的山東半島、東南方的揚子江（長江）口、南方的揚子江中流的武漢市方面、南方的廣州市方面，由於船隻可以航行內陸河川，因此進出方便。就像古代的希臘人一樣，古代的中國人也殖民蠻地，建立新的城市，逐漸發展。這當然也是為了因應交易量的增加，而必須確保更多的商品。

就像這樣，中國沿著水路逐漸擴大，這時候進入的開拓者絕非農民，最早進入的都是商人。一開始，中國商人不在當地建立根據地，而是在商品交易結束後就離開。有時甚至不上岸，直接在船上進行交易。每年固定航行，交易量逐漸擴大，港口有時集結不到充分數量的商品，就必須等到內陸的商品送達，於是在陸上搭建宿舍，慢慢地也出現一整年都駐守在當地的貿易公司員工。

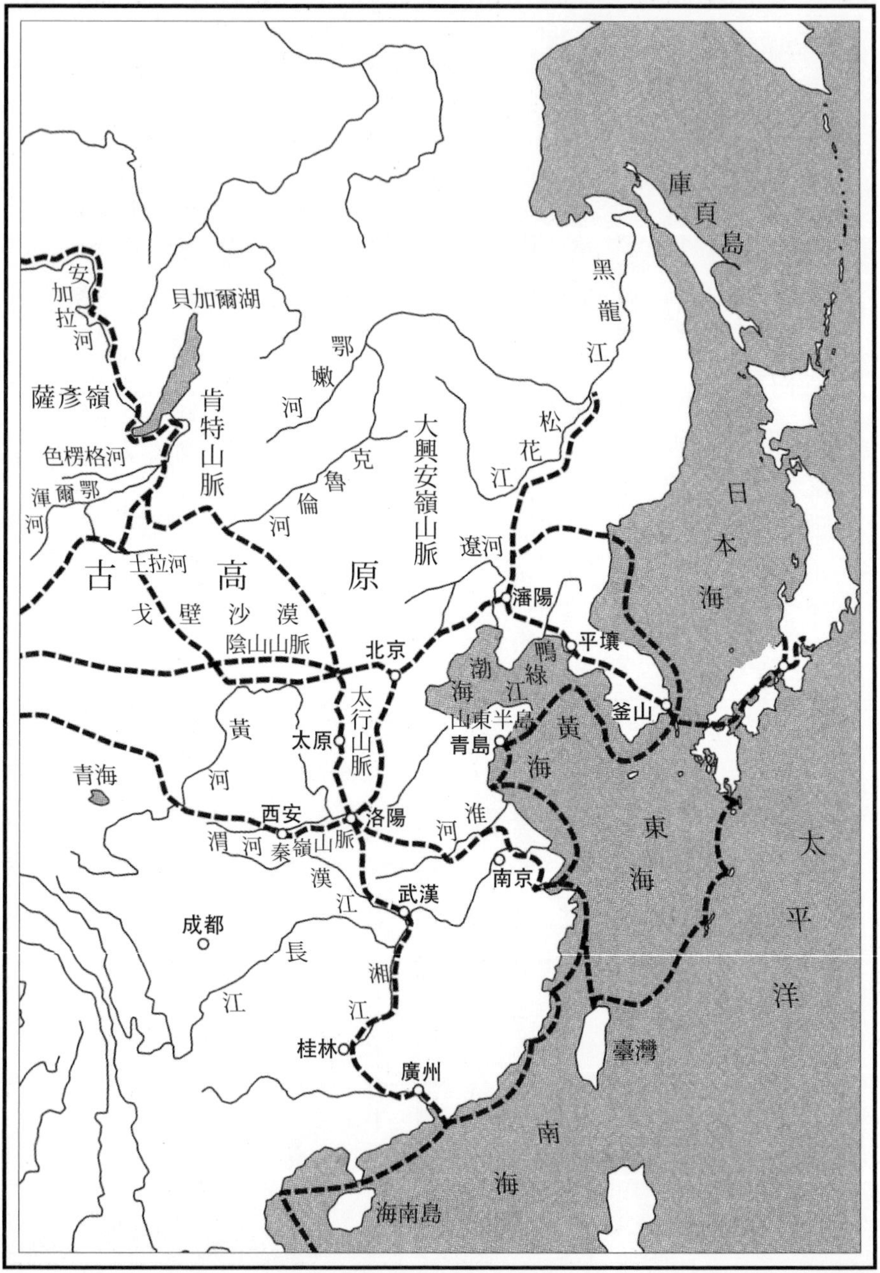
庫頁島
黑龍江
安加拉河
貝加爾湖
鄂嫩河
薩彥嶺
肯特山脈
大興安嶺山脈
松花江
色楞格河
克魯倫河
渾爾鄂河
日本海
遼河
古
土拉河
高
原
瀋陽
戈壁沙漠
陰山山脈
北京
平壤
鴨綠江
渤海
太行山脈
山東半島
釜山
黃海
黃河
太原
青島
青海
西安
洛陽
淮河
東海
太平洋
渭河
秦嶺山脈
南京
漢江
武漢
成都
長江
湘江
臺灣
桂林
廣州
南海
海南島

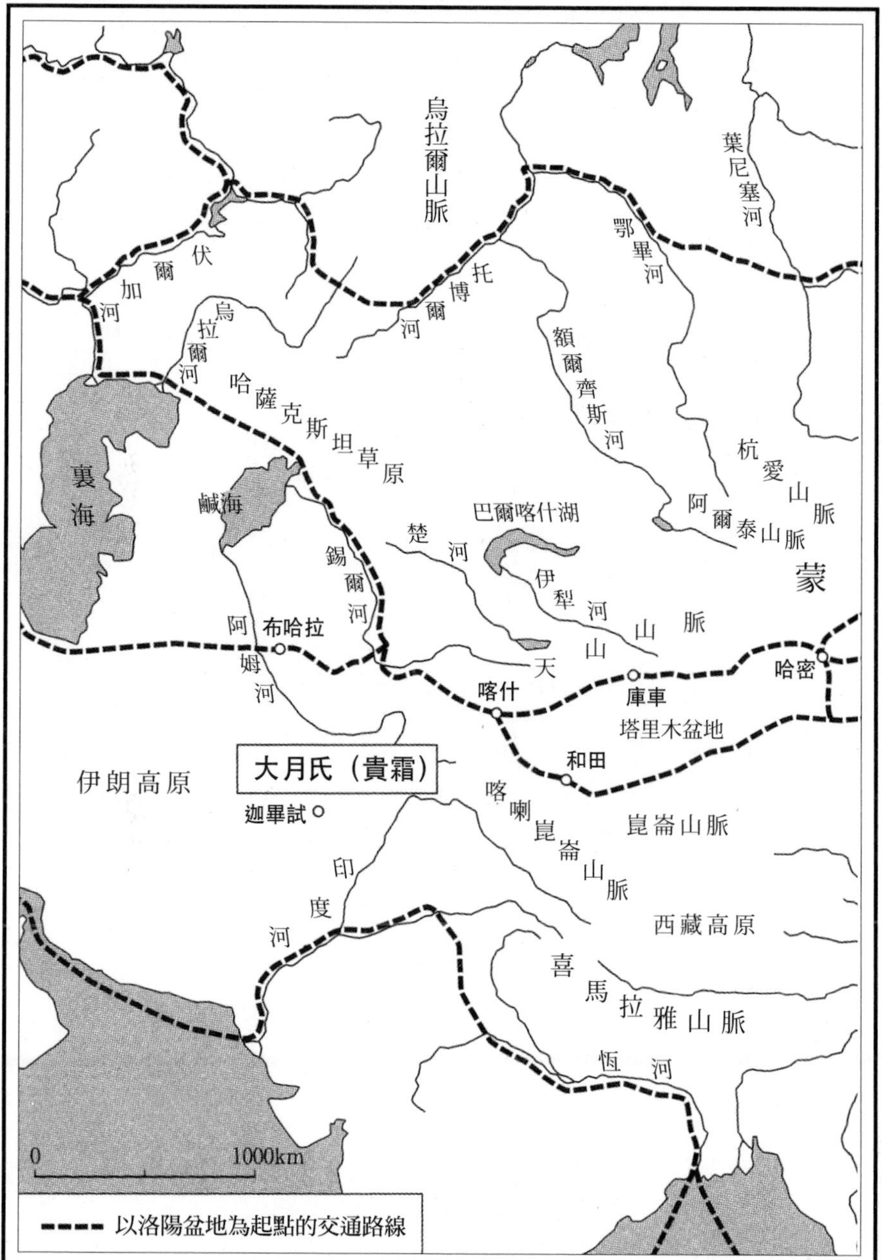
烏拉爾山脈
葉尼塞河
伏爾加河
托博爾河
鄂畢河
烏拉爾河
額爾齊斯河
哈薩克斯坦草原
杭愛山脈
阿爾泰山脈
裏海
鹹海
巴爾喀什湖
楚河
錫爾河
伊犁河
蒙
天山山脈
阿姆河
布哈拉
哈密
喀什
庫車
塔里木盆地
和田
大月氏（貴霜）
伊朗高原
迦畢試
喀喇崑崙山脈
崑崙山脈
印度河
西藏高原
喜馬拉雅山脈
恆河
0
1000km
以洛陽盆地為起點的交通路線

如此一來，為了在當地生活就必須有糧食，配合這樣的需求，當地的生產力也逐漸提升。就這樣，原住民之間原來沒有階級的差異，但在城市形成之後，代表部落與中國商人交涉的酋長，其權力隨著部落對經濟貿易依存度的提升而逐漸增大。最終，酋長用經濟力支配內陸部落，形成一個小王國。

菲律賓的馬尼拉就是華僑用這樣的方式所建造的城市，西班牙人對於菲律賓人的成功統治就是建構在馬尼拉的經濟基礎之上。也就是說，西班牙的總督在這裡相當於是部落的酋長。以古代的韓半島來說，以北朝鮮平壤為首都的朝鮮王國也是這樣發展起來的。

❖ 帝國是皇帝的私人企業

從朝鮮到日本

中國商人從山東半島渡海來到北朝鮮。從洛陽、鄭州沿著黃河三角洲的支流向下抵達山東半島，再從北岸的登州越過渤海灣，就可以抵達遼東半島的旅順口。從那裡再往韓半島的西岸航行，就可以抵達土地肥沃、容易調配食糧的大同江流域平原。平壤是大同江的渡河點，非常適合當作內陸商品的集散地。

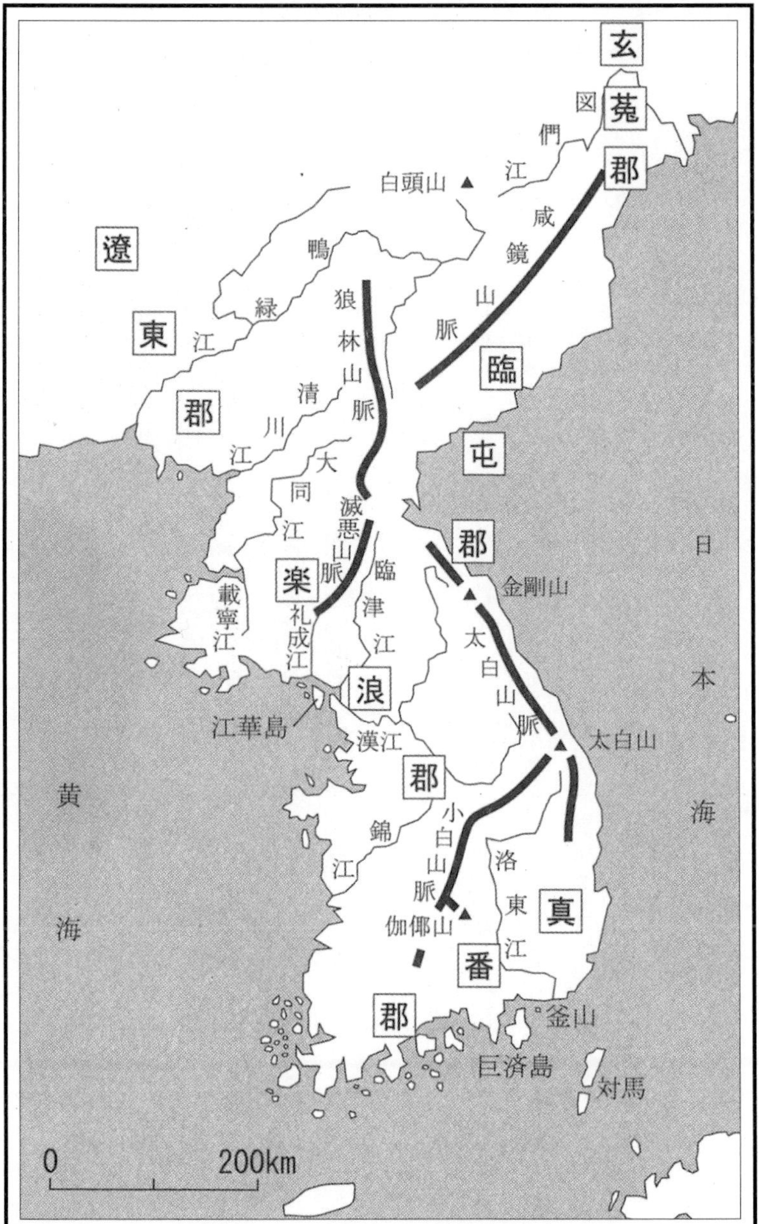

樂浪時代（西元前一〇八年至西元八二年）的韓半島

就像這樣，由於中國商人的進出，韓半島逐漸開發，政治權力也開始萌芽，但中國人並沒有從平壤再往前推進。

這種商業活動，也立刻影響了日本。從平壤南下就可以進入漢江流域。漢江往南，從忠州翻越山嶺就可以抵達洛東江流域。洛東江再往下就是釜山。從釜山經由對馬、壹岐，前往唐津（〈魏志倭人傳〉中的末盧國）。透過這一條路線，中國的商品流入日本，日本的商品也被運到平壤交易。〈魏志倭人傳〉中記載的倭國物產，就是這些適合輸出的商品。當然，利用這條路線進行運輸的既不是中國人也不是倭人，而是南韓的原住民，也就是辰國人。

中國皇帝制度的形成

就像這樣，政經分離的和平持續了一段時間，直到西元前二世紀末，中國的皇帝制度形成，強烈的政治力壓迫朝鮮王國，對於日本也有直接影響。

秦始皇於西元前二二一年統一中國，實施郡縣制度。然而，十二年後發生叛亂，統一遭到破壞，之後的漢朝雖擁有皇帝之名，但實際上不過是眾多王國中最大的一個王國。直到西元前一八〇年，漢文帝即位，花了約四十年的時間，逐一征服諸國。西元前一四一年漢武帝即位，中國再度統一，確立郡縣制度，大中華帝國就此出現。

中國皇帝的原型是古代市集商人集團頭目的王，自己本身就是商人、債主。政府的收入稱為「租」，徵收農產品，用來當作維持地方官府（縣）官員和軍隊的費用。相對於「租」，徵收商品稱作「稅」，由通過國界、交通要衝、城門的商人支付，這是皇帝的收入。

因此，關稅不是政府而是屬於皇帝的直營。皇帝的直營事業眾多，獨佔食鹽、鐵、絹織物等的生產，在國內販賣，或是輸出外國，賺取利益。皇帝也會將收集來的商品借給商人，收取利息。就像這樣，皇帝賺來的錢主要用在戰爭和外交上。也就是說，與國民的意志無關，帝國屬於皇帝的私人企業。

企業家皇帝

漢武帝是典型的企業家皇帝。他為了將過去由帝國境外王國經營的商品交易收回自己的手裡，於是派遣遠征軍，實施郡縣制度。

其中之一就是西元前一一一年的征服南越王國。南越人據說是現在越南人的祖先。南越人以廣州市為首都，進行東南亞和中國的仲介貿易，漢武帝不僅接收這項貿易，更在從廣州向東南亞延伸的路線上設置郡縣，控制商品集散。

其中，最南的日南郡位於越南中部城市順化和峴港之間的中心地，沿越南海岸，南北延伸。無論是從馬來半島克拉地峽彼岸的印度方面，還是從自古以來就是東南亞人口最多的大市場爪哇方面，商船最初靠岸的港口就是越南中部的海岸。也就是說，日南郡對於中國而言是地理上的極限，再往前就是海了。

❖ 郡縣制度的本質

皇帝的直轄城市

征服南越後僅四年的西元前一〇八年，漢軍征服朝鮮王國，在以平壤為中心的大同江流域設置樂浪郡，成為了皇帝的直轄地。不僅朝鮮王國的舊領土成為了中國的郡縣，中國的郡縣制度也以日本為目標，不斷延伸。

換句話說，洛東江流域成為了真番郡，其中心城市霅縣設置在釜山附近。真番郡下面另設有十四個縣，其中至少一個很有可能是設置在對岸的北九州。這裡是日本與爪哇並列、從古至今都是擁有東亞最多人口的地域之一。日本的市場性早在資本自由化之前就已經非常活絡。

在此說明郡縣制度的本質。「非封建就是郡縣」或「非郡縣就是封建」，不可有如此無知的觀念。「縣」代表的是皇帝的直轄城市，並非自然形成的聚落。從帝都派來的軍隊佔領貿易路線要衝的集散地，也就是佔領市集的所在地，在這裡進行建設，建造東西、南北呈現井字型的整齊道路，在每一個路口設置木門，再用堅固的城牆將整座城圍起來。城內都是常設市集，原住民若欲入內進行交易，首先必須成為這個市場的會員。

這個會員稱作「民」，將名字向市場辦公室——也就是縣府單位——登記，就可以擁有這個資格。身為「民」，就必須對相當於會長的皇帝擔負一定的義務。繳納「租」當作會費，也必須提供勞力來維持或修理市場的設備。此外，為了會員的權益，也必須組成自衛隊來防禦非會員的原住民，也就是「夷」。也就是說有服兵役的義務。

就像這樣，「縣」的性質與過去的人民公社完全相同，也與西部劇中會看到的拓荒時代的印地安堡壘十分相似。縣在蠻夷之地建設中國人開拓者堡壘的這種性質一直根深蒂固，就算到了二十世紀，厚重的鐵製縣城門依舊在日落後關上，對於夜間外出者處以重刑。

縣城周邊住的是已經成為「民」的原住民，他們為了進入市集與遠方來的商人交易，而自己的土語又不通，於是自然而然地簡化帝都的語言，混合土語的單字，創造出一種皮欽中國語（〔pidgin Chinese〕皮欽語是混合英文、中文、馬來文、葡萄牙文單字而成的混合語言，在港口進行交易的時候使用）。這就是現在支那語方言的起源。大家可以把它想像成類似在美軍佔領下日本出現的日式英語（Panglish）。

就像這樣，支那語成為了方便市場交易的語言，很快地在亞洲擴散，幾乎沒有民族不會說這一種語言。當然，日本人的祖先也把支那語當作公用語與鄰近的部落交涉，就好像今天的日本人與韓國人用英語交談一樣。雖然不是寫在〈倭人傳〉，但根據〈魏志東夷傳〉舉出韓半島原住民的語言全都是漢語，顯示出當時的狀態。

「郡」代表的是軍管區，郡的「太守」是司令官而非行政官。縣與縣之間的土地依舊住著許多沒有加入皇帝公會的「夷」，保護「民」不被「夷」所擾，就成了郡太守的重要任務。對於駐紮在釜山附近的真番郡太守而言，由於與日本只有一步之遙，與倭人交涉就成為了他最重要的任務。

倭人、百餘國

在漢武帝積極向外發展的政策之下，帝國的財政窘迫，終於在漢昭帝時的西元前八二年，真番郡遭到廢除。壽命僅維持了二十六年。在此之前與真番郡交涉、被認可為友好貿易公司而獲准與皇帝進行交易的倭人部落高達百餘國，這些都由樂浪郡接收。

日中貿易的窗口從鄰近的真番郡變成了遙遠的樂浪郡，對於財力不夠雄厚的小部落而言，實在無法負擔每年定期的長途航海。結果，大部落利用獲得認可的小部落的名義，獨佔貿易。

最初出現的大部落是留下「漢委奴國王」金印的奴國，這個國家的王於西元五七年派遣的使節並非前往樂浪郡，而是前往遙遠的東漢帝都——洛陽——向皇帝朝貢。從這裡可以看出，利用貿易特權建立的王國在這個時候已經形成。換句話說，這個王國是新版的朝鮮王國。

❖ 至今仍然不變的中國外交

朝貢是對內宣傳

說到這裡，「朝貢」究竟是什麼意思呢？只要看臺灣發行的《中央日報》頭版就可以知道。每日報紙的頭版，經常可以看到「非洲某國大使晉見總統」、

「馬達加斯加華僑向總統獻頌詞」等新聞標題。如果這是日本的新聞，總統換成天皇，那麼想必是放在報紙的某一個角落，誰也不會去閱讀。無論是總統還是主席，說到底也還是皇帝，也暗示著對於皇帝而言，與海外的關係有多麼重要。

中國屬於多民族國家，就算同屬漢族，出身的省分不同，說的支那語也完全不同。進入中國大學的學生，最初的一年連一句也聽不懂教授在說什麼，就好像是外文一般。據說最起碼要花上一年的時間才有辦法在課堂上做筆記。也就是說，就算是現在，支那語的方言其實不是方言，而是像德語、英語一般距離遙遠的語言。因此，中國人少與不同省分的人交心，而與同省分的人則會立刻一見如故。

中國人的社會就是集結了這麼多不同背景的人。在這裡，「政治」代表的是如何在利害關係完全不同的無數團體中取得平衡。因此，政爭的勝負取決於手腕，重點在於能否得到與問題無直接相關之團體的精神支援。中國人相爭就是這麼一回事。絕對不會出手打人，而是參雜幽默，向圍觀者控訴對方的說法有多麼不當，並由最終獲得多數圍觀者支持的人獲勝。

如果從皇帝的立場來說，為了說服人們自己是最適合當皇帝的人，尋求不在自己統治之下的團體，也就是尋求外國人的精神支援，是最有效的方式。只要是前往中國向「偉大領袖」表示敬意的人，中國政府會幫他出機票錢，且在國內的旅遊也免費，甚至會發放補助金，吃飯、住宿也都不要錢。這是為了感謝這些外國人說服自己的人民，他們的指導者是「承受天命」的人。

古代的中國稱這些遠從國外而來的訪問為「朝貢」。決定派遣使節的其實不是外國本身，而是擔任與該國貿易之窗口的郡。西元五七年奴國的朝貢，事實上也是在樂浪郡的安排下才得以實現。在樂浪郡官員的協助之下，將奴國王讚頌皇帝的信（表），根據一定的禮節寫好，規定使節的人數與服裝，再準備代表善意的禮物（貢品）。

在〈魏志倭人傳〉的時代，這樣的準備在北九州的伊都國進行。使節團在進入帝國邊境之後，一切的旅行經費都由中國方面負擔。等到終於進入洛陽之後，中國軍隊前後護衛，舉著「倭人朝貢」的旗幟，伴隨樂隊，大步走在帝都的道路上，帶給大批圍觀群眾「皇帝之德遠播」的印象。這就是中國的傳統外交，所有目的都是為了對國內宣傳，至於外國怎麼想，他們一點也不關心。直到今時今日，中國的外交政策依舊不過是對內宣傳的手段。

❖ 日本的建國者是華僑

卑彌呼的登場

倭人這邊的代表貿易公司不見得每次都相同，窗口經常因為自己的方便而單方面換掉代表的貿易公司。奴國王朝貢後剛好五十年的一〇七年，這次是倭國王帥升的使節向漢朝貢，由此可見代表是會換的。雖然不知道是什麼理由造成更換，但總而言之，當時日本的王權依舊不穩固，完全仰仗與中國的特殊關係。

東漢末期的一八九年，一位名為公孫度的軍閥在南滿洲建立獨立王國，樂浪郡也在他的統治之下。第二代的公孫康派遣軍隊從樂浪郡向南前進，在漢江流域新設帶方郡。此後，邪馬台國的女王卑彌呼被選為友好貿易公司代表，取代至今為止與漢朝關係密切的倭國王，負責維持帶方郡與倭人的關係，享受相當於三十國份量的優惠待遇。〈倭人傳〉中列舉的諸國，無法保證每一個國家都確實存在。

公孫家於二三八年被魏所滅，邪馬台國也因此首次直接與皇帝聯結。翌年，在帶方郡的安排之下，女王的使節團進入帝都洛陽，上演支持皇帝的遊行戲碼。〈魏志倭人傳〉記載了這一件事，主要是為了榮耀皇帝。

晉取代魏之後，邪馬台國依舊是貿易公司代表，在王權更迭翌年的二六六年，女王臺與的使節團這次是為了展現晉皇帝的德行而獲邀來到洛陽。然而，這時在中國，支撐皇帝權力的軍隊本質發生變化，軍隊不再是民軍，而是由職業軍人組成。當中最精銳的軍隊又屬負責防禦北方邊境、由遊牧民族組成的傭兵隊。西元三〇〇年，職業軍人之間為了搶奪政權而發生內戰，國外的軍隊也被捲入，其中一支屬於外兵的匈奴軍於三一一年佔領洛陽，帝國組織在一夕之間，全盤瓦解。

之後，外兵軍閥之間的對立抗爭長達百年以上，也就是所謂的五胡十六國之亂。

因皇帝的沒落而陷入恐慌的中國軍隊，在洛陽淪陷二年後（三一三年）從韓半島撤退，樂浪郡與帶方郡也隨之消滅。因為這件事而感到困擾的是原住民諸國。至今為止所謂的政治，代表的是與皇帝的交涉，由獲得中國優惠待遇者為王，一直以來都是這樣的國家體制。然而，權力來源的皇帝不見了。從現在起，必須放棄向中國一面倒，開始走上自己的路。之後開始了依靠自身力量的統一運動，民族文化也逐漸萌芽。

日本人是華僑的子孫

說到韓半島的歷史，最初實際存在的王，在百濟是近仇首王、新羅是奈勿王，而日本則是仁德天皇，這三人的在位時間都是自三一一年中國發生動亂後，直到四世紀後半為止。這代表這些地方首度建立了不以中國皇帝為後盾的王權。

然而，在這些新興諸國政府工作的官吏是中國人，也就是所謂的歸化人，再說清楚一點就是華僑。就像非洲的獨立國家一樣，重要官職都是由出身舊統治國的人掌握。不僅在政治面，文化面也相同。大家仔細想想，在《古今集》的序當中，歌人紀貫之不也是這麼說。和歌「在難波津　開放這個花　過冬　現在與春天　開放這個花」的作者就是華僑王仁。

用簡單幾句話總結——日本的建國者是華僑，日本人在文化上是華僑的子孫。無論亞洲的哪一個國家都一樣，沒有什麼好吃驚。而〈魏志倭人傳〉正是讓我們知道當時情勢的難得史料。

第二章

邪馬台國的位置

❖〈魏志倭人傳〉中的邪馬台國

邪馬台國位於瀨戶內海沿岸

〈魏志倭人傳〉也就是《三國志》第一部〈魏書〉第三十卷〈烏丸、鮮卑、東夷傳〉末尾，關於「倭人」部分的記載。獲得中國魏朝皇帝賜封「親魏倭王」稱號的女王卑彌呼，其首都稱為「邪馬台國」，是一個擁有「七萬餘戶」人口的大城市。這個邪馬台國究竟位於日本列島的哪一個位置，自古以來都是議論的焦點。所謂的「畿內說」與「九州說」相互對立，直到現在，每當發現大規模的聚落遺跡，就有人主張那是卑彌呼的首都。

造成這種混亂現象的原因在於〈魏志倭人傳〉中列舉的倭人諸國，其方向和距離與日本列島真正的地理位置天差地遠，這點無論是誰都知道，所以無法直接利用當中的記載來決定邪馬台國的位置。

為此，有許多人煞費苦心，希望可以解開這道謎題。不顧中國的「一里」無論在哪一個時代都代表三百步，也就是約四百五十公尺，卻用十分之一的短距離來解釋〈魏志倭人傳〉，希望將過長的里數合理化。也有人將〈魏志倭人傳〉中不斷向南延伸連接的諸國方向轉九十度，認為南指的其實是東。又或是將原本應是諸國之間距離的里數解釋成是北九州「伊都國」到各國的距離，成放射狀。然而，無論是哪一種假說都有其不合理之處，沒有任何一個人提出的邪馬台國位置可以讓所有人認同。[1]

〈魏志倭人傳〉無論是從其寫成的原委，還是其利用的史料性質都可以發現，其真正目的並不在於正確記錄三世紀日本列島的實情。因此，僅從〈魏志倭人傳〉的文字表面，無法確定邪馬台國的位置。其理由在下一章〈親魏倭王卑彌呼與西域〉中有詳細說明。

簡單來說，我們無法得知卑彌呼的首都究竟位於何處。然而，如果把話講得這麼白也太過掃興，雖然知道得出的結論也並不可靠，但我還是嘗試推測邪馬台國大概的位置。

其結論就是，邪馬台國的位置既不在北九州，也不在畿內，而是在瀨戶內海西部沿岸的某處。當然，想要得出這樣的結論，必須有幾個先決條件。條件之一就是假設〈魏志倭人傳〉中列舉的諸國順序，反映了實際上的地理位置。然而，這個假設本身也完全不可靠。

❖ 刻意撰寫的〈魏志倭人傳〉

政治的著作

《三國志》六十五卷是晉朝史官陳壽的著作。陳壽是被魏合併的蜀國四川人，由於在同鄉之間的風評不佳，因此一直有志不得伸。直到晉取代魏之後，晉朝的高官張華賞識陳壽的才華，任命他為著作郎，負責撰寫《三國志》。

由於《三國志》作者陳壽的出身，且開創晉朝的司馬氏對賞識陳壽的張華

1〔編註〕於二〇〇二年又出現「琉球說」，由琉球大學名譽教授木村政昭提出，認為〈魏志倭人傳〉記載邪馬台的位置、風土等與琉球相似，而沖繩本島各郡、府的名稱又與邪馬台國地名發音相近，且在琉球出土的一些文物亦與〈魏志倭人傳〉相符，並推斷北谷海底遺跡為卑彌呼之城堡，與那國島海底地形則是補給地。

有恩，因此，《三國志》的記述有許多地方都考慮到司馬昭的父親，也就是魏朝名臣司馬懿（晉宣帝）的政治立場，而扭曲了事實。《三國志》〈烏丸、鮮卑、東夷傳〉是記錄晉朝開創地——即東北亞——的情況，當中有許多刻意歌頌司馬懿偉大功績的內容，下一章將會有更詳細的說明。

〈魏志倭人傳〉是〈東夷傳〉的一部分內容，當中記載從帶方郡至女王卑彌呼的首都——邪馬台國——之間距離約「萬二千餘里」。根據當時的里程計算，從洛陽到平壤樂浪郡的距離約「五千里」。雖然帶方郡的正確位置不得而知，但無疑是在漢江河口附近，假設是位於首爾，那麼從平壤到帶方郡的距離約五百五十里。全部加起來，則「親魏倭王」卑彌呼所在的邪馬台國位於距離洛陽約一萬七千五百五十里的地方。

另一方面，「親魏大月氏王」波調所在的藍氏城被認為位於距離洛陽「萬六千三百七十里」之地。一萬七千五百五十里與一萬六千三百七十里幾乎相同。如此想來，〈魏志倭人傳〉中記載從帶方郡至邪馬台國的距離為「萬二千餘里」主要是因為視卑彌呼為可與貴霜帝國（大月氏）匹敵的大帝國君主，因此在政治上有必要將邪馬台國與貴霜帝國的首都放在相同的距離上。

陳壽因為張華而對東北亞的實情十分瞭解，因此，〈魏志倭人傳〉不可能是因為聽信了不正確的傳聞，才把距離寫得如此之遠。

不僅是距離，邪馬台國的所在方向也經過刻意扭曲。根據〈魏志倭人傳〉的記載，從北九州海岸的「末盧國」往東南陸行五百里有「伊都國」，從這裡向東南前進百里有「奴國」，再向東行百里有「不彌國」，再向南走水路二十日有「投馬國」，從這裡向南走水路十日、陸行一個月，則可到達「邪馬台國」。

這些東南、東南、東、南、南的邪馬台國方向，如果不管距離，看起來好像顯示了邪馬台國位於九州的某處。然而，這個方向與過遠的距離相同，都具有政治上的意義。

司馬懿侍奉的魏明帝之所以會計劃討伐遼陽的軍閥公孫淵，是因為東吳從海上拉攏公孫淵，企圖連成共同防線對抗魏，而魏必須消除這個背後的威脅。如果想要大肆吹捧司馬懿平定公孫淵、征服東北的功績，那麼將具代表性的「親魏倭王」卑彌呼的國家說成是敵國東吳背後的熱帶大國，則可發揮最大的效果。〈魏志倭人傳〉也因此才會將諸國不斷向南排列，並說邪馬台國「計其道里，當在會稽東冶（福建省福州市）之東」，這便是最好的證據。因此，〈魏志倭人傳〉所寫的倭人三十國的距離與方向都是刻意捏造，而非反映三世紀當時的實情。

❖ 得知邪馬台國位置的方法

倭人諸國的順序

〈魏志倭人傳〉其實是非常不可靠的史料。然而，就算倭人諸國的距離與方向不可信任，但如果假設諸國列舉的順序是有所根據的話，從這個假設出發，有可能可以找到邪馬台國的位置。

根據〈魏志倭人傳〉的研究，除了海上的對馬國與一支國之外，接下來的末盧國、伊都國、奴國、不彌國位於北九州海岸這一點無庸置疑。問題是接下來的投馬國和之後的其他諸國。從投馬國到接下來的邪馬台國，就算是不可信任，但記載有方向和距離：「自女王國以北，其戶數道里可得略載，其餘旁國遠絕，不可得詳。」

然而，關於邪馬台國再往前的諸國又寫道，「次有斯馬國，次有已百支國，次有伊邪國，次有都支國，次有彌奴國，次有好古都國，次有不呼國，次有姐奴國，次有對蘇國，次有蘇奴國，次有呼邑國，次有華奴蘇奴國，次有鬼國，次有為吾國，次有鬼奴國，次有邪馬國，次有躬臣國，次有巴利國，次有支惟國，次有烏奴國，次有奴國」，共列舉了二十一國，關於最後的「奴國」還特別註明：「此女王境界所盡。」接下來又寫道：「其南有狗奴國，男子為王，其官有狗古智卑狗，不屬女王。」

這種寫法顯示了倭人諸國全部沿著某種交通路線並排。如果說這是為了將原本四散分布的國家寫往南方熱帶方向而刻意扭曲而成，那就沒什麼好討論的，但如果假設這的確反映了倭人諸國的實情，那麼考慮到如此漫長的交通路線，位置只能是瀨戶內海的水路。

這裡的首要問題是，終點的狗奴國究竟在什麼位置？〈魏志倭人傳〉在其他地方寫到二四七年王頎就任帶方太守時，倭女王卑彌呼差遣使者向他報告與狗奴國男王卑彌弓呼之間的戰爭。從這裡可以看出狗奴國的確與邪馬台國女王對立，而〈魏志倭人傳〉中有關邪馬台國與狗奴國之間，從斯馬國到奴國的二十一國順序，也許就是根據二四七年卑彌呼的報告寫成。

❖ 邪馬台國的滅亡與其痕跡

邪馬台國滅亡、倭國出現

關於狗奴國的位置，讓人想到的是紀伊國。

西元三〇〇年，中國發生趙王之亂，之後引發八王之亂，晉朝實際崩壞，而邪馬台國也隨之消失在歷史的舞台上。取而代之的是四世紀仁德天皇河內王朝的倭國大王，也就是《宋書》所寫的「倭五王」，出現在難波。根據《日本書紀》的記載，這個時代與倭國競爭的大國是紀伊國和吉備國。如果邪馬台國女王勢力最前線的奴國位於瀨戶內海水路東端的難波，那麼在奴國前方與邪馬台國對立的狗奴國指的就是紀伊國。

根據《隋書》〈東夷列傳〉的記載，大業三年（六〇七年），倭王多利思比孤派使者向隋朝進貢。然而，同樣是《隋書》，〈煬帝紀〉中卻記載大業四年（六〇八年）而非大業三年的三月，「百濟、倭、赤土、迦羅舍國並遣使貢方物」。比較列傳與帝紀，詳細記載月、日的帝紀在年代方面應該比較正確。倭王使者這時帶來的國書就是那有名的「日出處天子致書日沒處天子無恙」。

翌年，也就是六〇九年，隋煬帝派遣文林郎裴清出使倭國。

根據〈東夷列傳〉的記載，裴清是從百濟的竹島出發，眺望南方的耽羅國（濟州島），經過大海中的都斯麻國（對馬島），東至一支國（壹岐島），又至竹斯國（筑紫），又東至秦王國，「其人同於華夏，以為夷洲，疑不能明也」。從秦王國又經過十餘國，最終到達倭國海岸，抵達倭國首都「邪靡堆」（Yamato）。

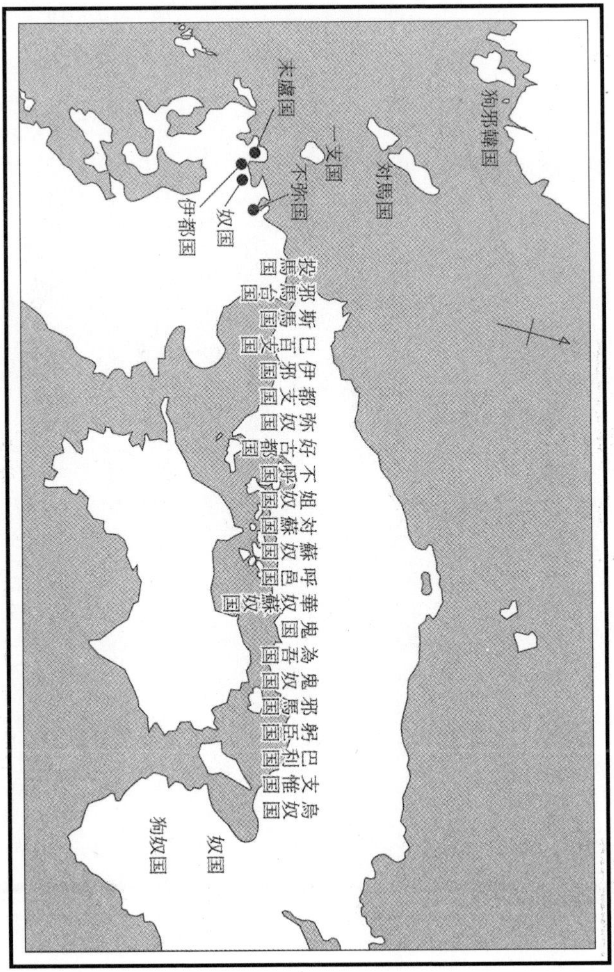
狗邪韓国
対馬国
一支国
末盧国
不弥国
奴国
伊都国
投馬国
邪馬台国
斯馬国
巳百支国
伊邪国
都支国
弥奴国
好古都国
不呼国
姐奴国
対蘇国
蘇奴国
呼邑国
華奴蘇奴国
鬼国
為吾国
鬼奴国
邪馬国
躬臣国
巴利国
支惟国
烏奴国
奴国
狗奴国

邪馬台國的位置比例

推古天皇和聖德太子是否實際存在？

看到《日本書紀》〈推古天皇紀〉十五年（六〇七年）七月的項目，當中記載派遣小野臣妹子出使「大唐」。〈推古天皇紀〉十六年（六〇八年）四月的項目又記載，跟著小野臣妹子回來的「大唐使者裴世清」抵達筑紫。六月，「唐客們」住宿難波一個名為津的地方，八月入京。九月，小野臣妹子再度隨著踏上歸途的「唐客裴世清」出使。

《日本書紀》當中的這一段記述有許多疑點。首先是年代。

如上所述，《日本書紀》記載倭國使者最初是於六〇七年出使，看似與《隋書》〈東夷列傳〉中的「大業三年」相符，但根據〈煬帝紀〉所記，這其實是「大業四年」的誤記。另外，再根據〈東夷列傳〉的記載，裴清回隋朝的時候，倭王再度派遣使者貢方物，但若根據〈煬帝紀〉所記，大業六年（六一〇年）正月，「倭國遣使貢方物」，這無疑是陪同裴清回隋朝的倭國使者。

如此一來也就是說，隋使於六〇九年抵達倭國，在同一年內便踏上歸途，六一〇年初回隋朝宮廷覆命。

換句話說，《日本書紀》當中的記述都與實際的年分差上一年。

《隋書》是唐朝於六三六年完成的史書，而《日本書紀》是從晚了四十五年的六八一年開始編纂，於七二〇年完成。《日本書紀》的編纂者們由於不知道小野臣妹子出使中國的年分，參考《隋書》〈東夷列傳〉，卻又忽略了〈煬帝紀〉，於是以〈東夷列傳〉中誤記的「大業三年」為出發點，將裴清真正出使的六〇九年誤以為是六〇八年。

另外，將隋朝的使者統一稱為「大唐」使者這一點也令人質疑。這代表《日本書紀》參考的並非小野臣妹子出使當時的史料，而是在隋朝滅亡進入唐朝之後寫成的史料。

然而，《日本書紀》將中國使臣的名字寫作「裴世清」而非「裴清」，這一點比《隋書》正確。「裴世清」才是他真正的名字，但由於編纂《隋書》時的皇帝是唐太宗「李世民」，《隋書》的編纂者為了避諱而省略了「世」字。

另外令人質疑的還有，六〇八至六一〇年當時的倭王，隋使面見確認倭王是男王，但《日本書紀》卻寫成是女王推古天皇。

《隋書》〈東夷列傳〉記載，在此之前的開皇二十年（六〇〇年），隋文帝遣使前往倭國，當時的倭王「姓阿每，名多利思比孤，號阿輩雞彌」，且王的妻子號雞彌，而太子名為利歌彌多弗利。六〇〇年的倭王無論是從名字還是從有妻兒這點看來，無疑都是一位男王，但《日本書紀》中卻成了女王推古天皇統治的年代。誤認攝政的聖德太子為王的說法並不成立。《隋書》除了清楚記載男王和妻子之外，還寫上了太子之名。

不得不說，推古天皇和聖德太子是否真實存在於這個時期，這一點非常值得懷疑。

❖ 邪馬台國是華僑的大聚落

倭國中的華僑城市

前述問題暫且放在一邊，這裡要討論的是秦王國。六〇九年，隋使看到這一個華僑城市，懷疑這裡是夷洲。這個「夷洲」是「亶洲」的誤認。

根據《三國志》〈吳書〉中〈吳主傳〉的記載，東吳孫權於二三〇年派遣將軍衛溫、諸葛直，率領上萬士兵前往尋找海上的夷洲和亶洲。

亶洲位於海上。根據長老們的口耳相傳，秦始皇派遣方士徐福率領童男、童女數千人去海上，向蓬萊仙人尋求長生不老藥。然而，徐福等人留在這個洲上不再返回，代代相傳，共有數萬個家族。這個洲上的人民有時會前往會稽（浙江省紹興市）賣布。會稽東縣的人出海，有時會被風吹到亶洲。然而，由於位置過於遙遠，因此東吳的軍隊沒有到達亶洲，只找到了夷洲上的數千人就返回。

這裡說的夷洲就是現在的臺灣，比這裡更遙遠的亶洲應該是菲律賓的呂宋島。

斐清之所以會想起亶洲的傳說，想必是因為秦王國的住民所說的中文是陝西方言。如果是秦始皇時期出海的童男童女的子孫，由於秦的帝都位於陝西省的咸陽，陝西方言應該是秦代當時的官方語言。

也就是說，六〇九年的隋使看到華僑的大聚落，想起了秦代徐福的傳說，本應說的是「亶洲」，卻因模糊的記憶而說成了「夷洲」。

順道一提，根據《隋書》的記載，六〇九年的隋使曾經停靠在相當於現在博多的竹斯國，之後又停在秦王國，然後又經過十餘國，最後抵達倭國的海岸。這個航路終點的倭國海岸，正如《日本書紀》所說，應該就是難波的「津」。

另一方面，根據〈魏志倭人傳〉的記載，從邪馬台國再往前，經過斯馬國等二十國，航路的終點是另一個奴國。如果假設這個奴國就是難波的津，那麼從距離看來，秦王國幾乎相當於邪馬台國。

〈魏志倭人傳〉特別提到，倭人諸國擁有各自的市場，互相進行交易，由

「大倭」，也就是倭的「大人」監督。特別標註監督市場的不是華僑而是倭人，代表構成市場的成員是中國商人，而倭人諸國是各自以華僑的聚落為中心發展而成。

過去「親魏倭王」卑彌呼的首都成為了被稱作秦王國的華僑大聚落殘留下來，這其實是一件很正常的事，沒有什麼不可思議之處。

❖ 邪馬台國（等於秦王國）靠近關門海峽

〈雄略天皇紀〉中留下的邪馬台國的痕跡

如果假設秦王國就是邪馬台國，其位置應該落在從博多到難波的津之間，瀨戶內海航路靠西的沿岸地方。

然而，想要從日本的古紀錄中找到邪馬台國就是秦王國的痕跡並非易事。如果提出一個候選地，那麼可以看到《日本書紀》〈雄略天皇紀〉中的「角國」。在〈雄略天皇紀〉九年的項目中有下列這段記載。

雄略天皇想要親征新羅。然而，神告誡天皇不可前往，於是天皇放棄親征，命紀小弓宿禰、蘇我韓子宿禰、大伴談連、小鹿火宿禰出征。紀小弓宿禰雖然攻下新羅，但大伴談連卻戰死，紀小弓宿禰也病死。紀小弓宿禰的兒子紀大磐宿禰聽聞父親的死訊趕往新羅，奪下隸屬小鹿火宿禰的倭軍指揮權。因此記恨紀大磐宿禰的小鹿火宿禰於是與蘇我韓子宿禰聯手，與紀大磐宿禰反目。

百濟王聽聞倭軍將軍們不和，為了調停而把他們都找了過來。

然而，途中在河邊發生衝突，紀大磐宿禰射殺了蘇我韓子宿禰，將軍們在抵達百濟王宮前便折返。小鹿火宿禰原本要護送紀小弓宿禰的遺骸回國，但途中卻獨自留在角國，與紀大磐宿禰一起拒絕侍奉天皇。

這就是角臣一族的起源。

《日本書紀》中有關百濟、新羅的記述幾乎都是引用《百濟記》、《百濟本記》、《百濟新撰》等百濟體系的相關史料，但唯有〈雄略天皇紀〉九年這一條的記述詳細說明倭國方面發生的事情，且難得引用了日本體系的史料。然而，雄略天皇九年（四六五年）這一個年代並不可完全信任。

這點姑且不論，當中出現的角國指的是周防國（山口縣東南部）的都濃郡。從《日本書紀》的記述可以看出，角國是瀨戶內海航路中重要的停靠港，可以視為是位於邪馬台國舊地的秦王國。

我以前在《倭國》（中央公論新社，一九七七年）這本著作中，認為邪馬台國的位置是「瀨戶內海東端，畿內的某處」（一〇五頁），但我在這裡提出訂正，應該是在瀨戶內海西部沿岸，靠近關門海峽的某處。

第三章
親魏倭王卑彌呼與西域

❖ 帶有政治意圖的〈魏志倭人傳〉

狡猾老練的中國人所寫的史書

有許多人就算是在其他事情上都非常理性，但只要說到〈魏志倭人傳〉就會突然失去冷靜，瞪大眼睛、提高音量執著於「邪馬台國在哪裡？」、「卑彌呼是誰？」完全不聽別人的意見，只顧著為自己的主張辯駁。當然，這個關於日本民族起源的問題，姑且不論現實上的作用，作為打發時間的知識遊戲是一種高尚的興趣，但沒有真正找出解答的意思，所以才會將〈魏志倭人傳〉中記載的道里比例縮小，或是將道里視作放射狀，又或是將方向轉個九十度。若只是希望享受這個原地打轉的討論我是沒有意見，而且也不是像我這樣的歷史學家應該抱怨的。

然而，如果真的想要利用〈魏志倭人傳〉當作復原日本民族歷史的材料，雖然聽起來有些矛盾，但絕對不可以全盤接受當中的內容。寫下〈魏志倭人傳〉的不是日本人而是中國人，而且是早在三世紀時的陳壽。他絕對不可能是因為預想到一千七百年後，這個東海野蠻人的後裔竟然會對尋找邪馬台國這個遊戲如此感興趣，出於好心而寫下〈倭人傳〉。更何況，陳壽個人對於倭人也沒有任何興趣。

中國人原本在政治方面就十分狡猾老練。不管怎麼說，秦始皇早在西元前二二一年就建立了統一的帝國，在政治歷練方面，無論是日本人還是歐洲人都無法望其項背。在政治的世界裡，最強大的武器就是語言。中國人在語言方面也是高手，就連比秦始皇還古早的《莊子》中都寫有「名者，實之賓也」這句令人敬畏的名言。也就是說，語言在現實中不過是像賓客一般，並不重要。這與認為語言是現實的表現、性格老實的日本人完全是不同的層次。無論是多麼正式的古籍，無論是用多美麗的詞藻記述，其內容都不見得是真實地表達了現實。

對於中國人而言，只有表面話而看不到真心，話語偏離事實，用語言拚湊出看似合理的內容。這也許可說是政治文化高度發達者的宿命。

就算是三世紀的中國，政治上也已經出現這樣的情形。〈魏志倭人傳〉是正史《三國志》六十五卷其中的一部分，經過中國政府晉朝的公認，內容並非單純記錄事實。撰寫政府公認的歷史，沒有什麼比這個更屬於政治行為。《三國志》針對的是短短六十年的時代（二二〇年至二八〇年），且陳壽是在晉朝取代魏朝之後立刻著手撰寫《三國志》，當中登場的許多人物在他撰寫《三國志》的時候尚在人世，有些人的子孫仍居高位，因此必須顧慮周全。《三國志》妥協於三世紀末當時的中國政治現實，有太多無法下筆的顧慮，就連重大事件，也有許多細節甚至完全忽略。因此，經過一個世紀，等到沒有這些顧慮的四二九年，南北朝時代的宋人裴松之不得不為《三國志》作注，引用許多史料來補足陳壽避而不寫的史實。

邪馬台國是一個大帝國嗎？

這一本晉朝政府公認的史書《三國志》，具有如此微妙的政治性質，而對政治敏感的典型中國人陳壽，特別在當中設了一個章節來詳述住在遙遠東方海上島嶼的野蠻人，這點本身就不單純。〈魏志倭人傳〉撰寫的目的到底為何？

不去思考這個問題，而單純將其當作史實的紀錄閱讀，這種天真的態度很容易就被善於分離語言與現實的中國人牽著鼻子走。邪馬台國爭論之所以會如此混亂，不得不說是因為我們對於這一點的無知。

說到邪馬台國，大家就會想到是由神秘的女王卑彌呼所統治的國家。在距今一千七百年的古早年代，不知道是在日本本州還是九州，似乎有一個擁有七萬餘戶人口的大國，事鬼道的單身女王與千人的侍婢深居由衛兵把守的華麗宮殿，接受中國魏朝皇帝授予「親魏倭王」的金印，統治日本列島上的三十國，而女王派官駐守北九州的伊都國，受到諸國的敬畏。

這樣的形象太過浪漫，給人一種強烈印象，認為邪馬台國是一個實際存在的大國。因此開始了尋找邪馬台國、尋找卑彌呼的遊戲。出現在《日本書紀》中的大和朝廷是否就是邪馬台國？從眾神和天皇的系譜中是否可以找到相當於卑彌呼的人名？就像這樣，各種光怪陸離、千奇百怪的言論橫行，出現了十人十樣、百人百樣的盛況，但卻又摸不著頭緒。這些我想大家都知道。

❖ 邪馬台國爭論的誤解

實際存在的天皇與神話的天皇

關於這些邪馬台國的爭論，其實只要除去當中的幾個誤解，爭論本身就會消失。

第一個誤解就是認為《日本書紀》記載的神話，以及從神武天皇到應神天皇為止，也就是有關大和時代的記述內容，是實際發生在四世紀以前日本列島上的歷史事實。

《日本書紀》是六八一年天武天皇下令開始編纂的歷史，於三十九年後的七二〇年，天武天皇的孫女元正天皇在位期間完成。

歷史如果是配合政治，事實就很容易被扭曲，而《日本書紀》又是日本最早寫成的歷史。在此之前日本列島的狀況到底如何，這一本《日本書紀》是還沒有形成統一見解之前，尤其又是在六七二年壬申之亂[1]中經過內戰獲得政權

1〔編註〕壬申之亂是日本古代發生的最大型內亂。六七二年六月，天智天皇之子大友皇子和天皇的胞弟大海人皇子（即之後的天武天皇），為爭奪皇位繼承權而發生的長達約一個月的內亂。

的天武天皇和其子孫建立的宮廷所寫成。想當然爾，就算是過去的事情，如果對於現在政權不利的部分就會被省略，另外創作出對現在政權有利的歷史故事。就算如此，關於還有證人在世的新時代之歷史就無法造假，因此從天武天皇的父親舒明天皇即位的六二九年開始的歷史，應該是非常忠於史實。

然而，在此之前的歷史就完全不是同一回事。當中關於舒明天皇逼退聖德太子的兒子即位的內容，總給人一種含糊不清的感覺。事實真的是這樣嗎？根據同一時代六三六年中國所寫的《隋書》記載，從六〇〇年到六一〇年，日本列島權力最大的酋長是以邪靡堆為首都的倭王——阿每多利思比孤。當中清楚寫到這是一位男王，但《日本書紀》卻說這時是由聖德太子母親之姐——推古天皇——統治。無論真相如何，可以確定的是，就算是七世紀這個比較接近的年代，《日本書紀》的內容還是不能盡信。

然而，也不能說《日本書紀》中關於舒明天皇之前的所有記述都是假的。根據四八八年中國撰寫的《宋書》和其引用的四七八年倭王武的書信看來，《日本書紀》中從仁德天皇到清寧天皇為止的七代，也就是所謂的河內王朝歷代天皇，應該是實際存在的倭王。然而，《日本書紀》中關於每一代天皇事蹟的記述都十分可疑，幾乎都不是事實。

至於仁德天皇之前的天皇，無論是譜系圖還是事蹟，全部都是七世紀末到八世紀初，《日本書紀》編纂時的創作。當中寫到仁德天皇的父親應神天皇其實原本不是人類，而是敦賀的氣比神宮的神明。到了六世紀，他離開越前，建立了新的王朝，成為了繼體天皇的祖先，被納入了倭王家的譜系圖中。

關於應神天皇的雙親——仲哀天皇和神功皇后——的起源也非常新穎。他們是博多的香椎宮的神明。六六〇年，齊明天皇為了救援被唐朝和新羅的聯軍所滅的百濟，而將宮殿搬往博多，這時第一次在宮殿內發現這兩個神明。六六三年，倭軍於白村江戰敗，無法復興百濟而歸。之後由天智天皇帶回近江的大津京。

至於第一代的神武天皇，《日本書紀》也寫到，在六七二年壬申之亂期間，他是第一個顯現在人間的神靈。因此，這個神武天皇與仲哀天皇、神功皇后、應神天皇之間，也就是所謂大和朝廷的歷代故事，絕對不是根據四世紀之前的古老傳說而寫成。當然，這並不代表與卑彌呼同時代的三世紀，大和地方沒有倭人的酋長。酋長應該存在，但與《日本書紀》中描繪的大和朝廷沒有任何關係。因此，如果想從《日本書紀》中找尋女王卑彌呼的痕跡，也只是徒勞無功。

第二個誤解是認為，由於〈魏志倭人傳〉是同時代三世紀的中國史料，中國人將當時看到的日本列島實況記錄了下來，只要巧妙訂正當中因傳聞所造成的混亂，經過合理的解釋，就可以找出邪馬台國的位置。這是一種天真的誤解。

為什麼沒有〈西域傳〉

然而，就像一開始所說的一樣，〈魏志倭人傳〉是《三國志》的一部分，而《三國志》並不單純僅是史實的紀錄。於二六五年建國的晉王朝為了主張自己是應統治中國的正統政權，於是命當時在晉朝為官的陳壽撰寫史書，是一本政治色彩濃厚的書籍。再加上晉朝帝室的祖先每一代都是魏朝的重臣，因此《三國志》中關於魏朝歷史的〈魏書〉必須顧慮現在的帝室，有許多東西都無法下筆。

〈魏書〉最終卷〈烏丸、鮮卑、東夷傳〉最後有關「倭人」的項目就是所謂的〈魏志倭人傳〉。不幸的是，在三國時代，東北亞是晉朝帝室祖先的地盤，邪馬台國女王卑彌呼也是他們用來掌握中國內政權力的工具。為了內政上的考量，卑彌呼於是被塑造成了遠方大國的君主，並獲得「親魏倭王」的金印。〈魏志倭人傳〉就是在這種政治宣傳的基礎下寫成，並非忠實記錄史實。另外，也正因為如此，《三國志》才會特別設立〈倭人傳〉這一條目。

還有一點必須列入考慮。在〈烏丸、鮮卑、東夷傳〉卷中，記錄了許多住在中國東北邊境的民族與魏朝中國政府交涉的內容。然而，魏朝與中亞諸國也有重要的關係，但《三國志》〈魏書〉中卻沒有〈西域傳〉。事實上，陳壽不僅有必須撰寫〈烏丸、鮮卑、東夷傳〉的理由，也有不能撰寫〈西域傳〉的原因。這個理由超越陳壽個人的政治立場，與晉朝建國的內情有關。由於這個內情，所以必須封給原本不值得一提的微小勢力卑彌呼一個「親魏倭王」的高位。而陳壽雖然知道這不是真的，卻必須在〈倭人傳〉中將邪馬台國描繪成一個遠方的大國。

也就是說，偉大的邪馬台國不過是個幻象，實際上，三世紀的日本列島上並不存在這個名字的國家。

❖ 製造幻象的中國內情

一世紀末至二世紀的西域

既然如此，中國究竟有什麼內情，必須把卑彌呼冠上「親魏倭王」的名號，塑造出一個偉大的邪馬台國幻象呢？接下來將進一步說明。這個內情必須從一世紀末的東漢時代開始講起。

西元九〇年，貴霜王的使者從遙遠的西方風塵僕僕地前往天山山脈南邊的和田（新疆維吾爾自治區的和田），拜見駐紮在此的東漢將軍班超，向他提出迎娶中國皇家之女的要求。班超拒絕向皇帝稟告，把使者趕了回去。貴霜王因此震怒，命副王率七萬大軍遠征。由於班超手下的兵力不足，面對大軍壓境，軍心動搖。班超淡淡地向部下說道：

月氏兵雖多，然數千里逾蔥領來，非有運輸，何足憂邪？但當收穀堅守，彼饑窮自降，不過數十日決矣。

貴霜大軍雖然入侵，但無法攻破班超的城門，四處搜掠也無所得。班超算準貴霜大軍的糧食應該快要吃完，他們必定會向龜茲（庫車）求援，於是派兵把守從和田通往龜茲的道路。果不其然，貴霜的副王派遣騎兵，帶著金銀珠寶前往庫車。班超的手下攔下一行人，將他們全部殺了，並將他們的首級送給了貴霜的副王。副王大驚，立刻與班超和解退兵。之後，東漢的中國與貴霜締結友好關係，定期交換使者。

班超的兒子班勇於一二〇年至一二七年間，在西域也有活躍的表現，《後漢書》的〈西域傳〉中記載了班勇在任內遞交的報告書內容。當中將貴霜王國稱作「大月氏國」，其首都「藍氏城」距離東漢首都洛陽約一萬六千三百七十里，戶數十萬，人口四十萬，兵力十餘萬。貴霜族原本住在帕米爾西邊的瓦罕山谷，在這個時代遷都靠近阿富汗喀布爾附近的迦畢試，統治從阿富汗、喀布爾，一直到巴基斯坦的地區。從距離看來，藍氏城指的就是迦畢試，是現在的貝格拉姆遺跡。貴霜的歷史紀錄很少所以無法準確判斷，但可以確定的是，在班勇時代之後的二世紀中，在迦膩色伽王的帶領之下，成長為橫跨中亞至南亞的大帝國。迦膩色伽王是著名的佛教保護者，在其統治之下，健馱邏美術蓬勃發展。

這一個貴霜帝國，也就是中國人所稱的大月氏，與之後的邪馬台國女王卑彌呼有著非常深厚的關係。在班超、班勇父子的時代，西域的情勢與日本列島的原住民發生了一件大幅影響中國內政的事情，那就是一〇七年倭國王帥升派使者來訪。

班超於七三年首度出使西域，歷經三十年的歲月，於一〇二年回洛陽不久後便死去。正巧同一年，當時東漢和帝的皇后陰氏一族遭到逮捕，所有人都在獄中喪命。罪名是皇后與皇帝不合，於是下蠱想要挽回愛情。這是發生在宮內的事，不知其真實性究竟為何，背後想必有政治力的操作。陰皇后遭到廢位，沒多久就死了。皇后的父親自殺，兄弟則被流放越南。

取代陰皇后在宮內掌權的是出身鄧家的美少女，名為綏。鄧家與陰家同屬名家。鄧綏聰明又有學問，隨著陰皇后的失勢而被立為皇后，但她行為慎重，不急著讓鄧氏一族登上高位，只是默默地在宮中累積人望。

三年後，和帝駕崩，鄧氏一族的時代終於來臨。鄧太后從民間找來和帝私養於民間、出生僅百餘日的皇子登上帝位，她自己則大權獨攬。然而，這個嬰兒皇帝翌年就不幸夭折。

鄧太后沒有辦法，只好找來亡夫弟弟的兒子當皇帝，也就是安帝。不幸的是，那幾年中國氣候異常，連續的大雨讓農收大減。再加上班超死後，西域諸國陸續叛變，甚至無法聯絡上駐紮在龜茲的西域都護。一〇七年，東漢不得不放棄中亞，廢除西域都護，將屯田兵撤回中國。不僅如此，甘肅方面的邊境遊牧民族羌族由於不滿被動員前往西域，進而發生了大規模叛亂。另外在東北方面，在現在中國與朝鮮邊境山中的高句麗族日益壯大，經常入侵中國領土進行劫掠。

為了渡過這些困境，鄧太后於是將政府的高層官員們全部換成了自己人。然而，這些自己人當中卻又發生了分裂。由於鄧太后是女子，因此需要有人聯繫後宮與朝堂。在中國，傳統上都是由宦官——也就是被去勢的男子——來擔任這個聯絡人的角色，自鄧太后掌權以來，宦官們的勢力也逐漸壯大。鄧太后一派的官僚與宦官反目，試圖動用禁衛軍來掃蕩宦官。然而，這個政變以失敗收場，被指責是一場推翻鄧太后和皇帝的陰謀。

❖ 一齣「漢委奴國王」戲

朝貢國等於友好國

就像這樣，當東漢中央政府出現動盪的時候，安排了倭國王使者來訪的戲碼，當作是渡過這個危機的手段。當國內出現問題的時候，無論是哪一個國家的政府，都經常利用外交問題來渡過難關。正如第一章所述，中國尤其如此。無論是哪一個時代的皇帝，都積極安排外國的友好使節來中國訪問，對皇帝表達敬意，而費用全部由中國負擔，展現地主之誼。

外交對中國內政非常重要，這是因為中國聚集了許多不同的民族，僅憑實力很難確保統一。這個重要的外國使節訪問在中國傳統稱為「朝貢」。因此，朝貢國代表的其實僅是友好國。

金印的王號

在鄧太后之前半世紀的五七年，東漢光武帝授予北九州原住民的酋長「漢委奴國王」金印。所謂的倭國王並非是日本列島的原住民靠自己的力量在政治上成長，並組成一個可以被稱作倭國的國家組織，倭國王是倭國的統治者，而是中國的皇帝透過韓半島樂浪郡這一個中國的外派機構與倭人維持貿易關係，從眾多倭人酋長當中選出博多港的酋長，給予他王的稱號，委託他保護中國商人，並擔任與倭人交涉的窗口。因此，倭國王其實是中國選出來的。擁有倭國王稱號的酋長擁有貿易特權，而他也必須保護中國的利益，類似於現在名譽總領事的角色。

由於在光武帝再度統一中國之前，中國經歷了二十年的戰亂，人口從六千萬銳減至四分之一的一千數百萬人，樂浪郡無法承擔與倭人百餘國進行貿易的重任，因此才設立了倭王。

雖說是百餘國，但並不是像現代人所想的是一個擁有政府、國民、領土與國境的國家。在過去，中文的「國」與「郭」同義，指的是城郭，也就是用城牆圍起來的城市。這些「國」都是以市場為中心，因人們聚集而逐漸發達。

倭人的百餘國是因西元前一〇八年，西漢武帝征服以平壤為都的朝鮮王國，在半島設置包括樂浪郡在內的四郡，中國商人頻繁前往日本列島進行貿易，才在各地以市場為中心，逐漸發展起來。雖然是城市，但稱不上是國家，也沒有所謂的王。當列島上出現了中國指名的倭國王，獨佔中國貿易的認可權時，倭人的諸城市只好向他支付稅金，經濟方面逐漸標準化。這才是倭國王的真面目。

說到金印的王號，在中國的體系當中屬於最高層級的友好國。於是，在東漢的安排之下，一〇七年，倭國王帥升的使節獻上生口一百六十人，請求謁見。也就是說，倭國王希望親自造訪中國，向鄧太后的政權表達敬意。這完全是由於中國內政上的需要，為的是向國內宣傳。當然，倭國王並沒有造訪洛陽，朝貢本身也並非出自倭人自身的意願。

同樣的事情也發生在女王卑彌呼身上。

二世紀後半的中國大混亂

東漢的中國社會到了一八四年，全國各地爆發黃巾之亂，一片混亂。這是集中在城市的貧民因生活困苦引發不滿進而發生的動亂，但他們無論是裝備還是訓練上都不及政府軍，結果遭到鎮壓。

之後，指揮政府軍的將軍們互相爭權，洛陽成為了政變的舞台，皇帝有等於沒有。很快的，全國各地就被擁兵自重的將軍們分割。

此外，由於內戰不斷而需要人手打仗，於是無人耕種，引發嚴重的糧食不足問題，人口從原本的五千萬人，一下子銳減至十分之一以下的五百萬人，此一嚴重打擊長達四百年以上都無法恢復。五百萬人之中約一半的二百五十萬人由華北的曹操統治，剩下的一百五十萬人由江南的孫權統治，最後的一百萬人則由四川的劉備統治，這就是所謂的三國時代。

由於中國的內戰導致人口銳減，至今為止坐享中國貿易權力的博多倭國王也隨之失勢。這就是〈魏志倭人傳〉中記載的「倭國亂，相攻伐歷年」。這時被推舉出來的就是「事鬼道，能惑眾，年已長大，無夫婿」的卑彌呼。

「鬼道」是當時的用語，指的是一九〇年至二一五年間，於陝西南部至四川東部建立宗教共和國的五斗米道教團諸神。卑彌呼不僅是倭人的女薩滿，也是中國商人帶進日本列島的祕密結社的祭司。由於凌駕在連接倭人諸國市場的華僑組織之上，因此就算沒有中國皇帝作為後盾，依舊可以維持秩序（參照《倭國》，頁六十三至六十五）。然而，這不過是因為在倭人的酋長之中，沒有任何一個人的實力可以壓倒群雄，卑彌呼本身其實不具有政治力。

這時在韓半島，樂浪郡逐漸衰弱，其勢力僅剩北部大同江的溪谷。二〇四年，於遼寧省遼陽獨立的公孫度將軍死去，由其子公孫康繼承，於漢江的溪谷新設帶方郡，致力於開拓半島中部、南部至日本列島的貿易管道。這個帶方郡很有可能與卑彌呼的組織有所接觸，但不確定是否曾經授予卑彌呼倭國王的稱號。

❖ 三世紀時的東北亞與中國

《三國志》時代

另一方面，稱霸華北平原的曹操自己不當皇帝，而是奉東漢最後的皇帝為名義上的君主，將他放在洛陽。曹操的部下當中，負責西北陝西、甘肅方面

漢朝的王侯金印（金印約是原尺寸的百分之六十，正比例）

漢委奴國王印
（福岡市博物館藏）

防禦的司令官是夏侯淵，與曹操是同鄉，也是他最信任的將軍。然而，二一九年，夏侯淵在迎擊劉備的時候戰死。曹操選了曹氏一族的曹真接任。曹真在任期間，在西北邊境方面留下了很大的成就。

曹操於翌年的二二〇年死去。曹操的兒子曹丕逼東漢皇帝退位，自己稱帝，開啟了魏朝，史稱魏文帝。

在曹真負責西北方面防禦期間，鎮守南方湖北方面前線的是司馬懿將軍。文帝在即位前與司馬懿就是學友的關係。另外，駐守東南方安徽方面與東吳孫權對抗的是文帝一族的曹休。

現代中國人民解放軍有一個非常明顯的現象，那就是橫跨幾個省而成的大軍區，其司令官除了在軍事方面之外，在地區的行政和黨務上也握有極大權力，人事安排不可能忤逆司令官的意思。完成人民革命的其實不是共產黨而是人民解放軍，黨是跟著軍隊而來，這在三國時代也是一樣。自一八四年的黃巾之亂以來，無休止的戰亂讓中國的人口銳減，只剩下以前的十分之一不到，如果無法有效利用剩下的人手，則無論是在糧食生產方面還是軍隊維持方面，都會非常困難。於是，曹操除去了行政與軍事間的隔閡，命地方行政官兼任軍司令官。其結果造成各個將軍在自己負責的地區扎根，培養自己的軍隊，成為實質上的軍閥。

與友好國維持關係、邀請朝貢使節團來訪等，靠的是在各方面負責防禦的軍司令官的手腕，在魏文帝時代，成績最好的是曹真。文帝於二二〇年即位，在曹真的努力之下，焉耆王、于闐王分別遣使朝貢，二二二年，鄯善（樓蘭）王、龜茲王、于闐王也遣使朝貢。魏朝派遣正式的答禮使前往諸國，建立外交關係，設戊己校尉一職，駐紮吐魯番盆地的雅爾湖附近，擔任中國方面的聯絡窗口。就像這樣，西域諸國友好使節團的來訪，對於王朝建立不久的魏而言無疑是打了一劑強心針，非常有其必要性。

文帝於二二六年駕崩，其子明帝繼位時僅二十三歲。根據文帝的遺言，重臣曹真、曹休、司馬懿以及近衛部隊司令官陳群四人奉命輔佐新帝，也就是集團指導制度。

就算到了明帝的時代，曹真的成果依舊耀眼：二二七年，焉耆王將王子送到魏的宮廷留學；二二九年，大月氏王波調遣使來訪。大月氏就是貴霜王國，波調則是迦膩色伽二世之後的國王韋蘇提婆二世。

貴霜王國統治的範圍東從現在的新疆維吾爾自治區西部，一直到突厥斯坦、阿富汗、巴基斯坦、北印度。如此龐大的帝國派遣使者表達敬意，魏朝不可能不加以利用，大肆宣傳。魏朝授予韋蘇提婆「親魏大月氏王」的稱號，向國內外誇示自己受到如此大國的支持。不用說，曹真的地位也因此更上一層樓。

然而，留下如此顯赫功績的曹真於二三一年病死。正巧這個時候，蜀國的諸葛亮指揮大軍越過秦嶺山脈，進攻陝西。為了解除危機，明帝將司馬懿從南方調到西安，負責對抗諸葛亮。無論是在過去還是現在，中國軍隊效忠的對象都不是國家而是司令官個人，照理來說，魏朝西北方面的軍隊應該由曹真的子嗣曹爽指揮才對。然而，由於曹爽太過年輕，因此由司馬懿暫管曹真的地盤。

諸葛亮在之後的二三四年又再度大舉入侵。為了慎重起見，司馬懿保存魏軍的兵力，避免與蜀軍決戰，沒多久諸葛亮就病死在五丈原。聽到這個消息的司馬懿決定追趕撤退的蜀軍，卻遭到蜀軍的反擊，司馬懿因此懷疑諸葛亮其實還活著，於是放棄追擊。這就是著名的「死諸葛（孔明）嚇走活仲達（司馬懿）」。

東方問題

自此之後，魏與蜀處於休戰的狀態，由於西方暫時安全，魏明帝於是開始著手解決東方的問題。

當時遼陽公孫政權的主政者是公孫淵。東吳孫權於二二九年正式稱帝，展現與魏對決的態度。孫權的戰略是從海上威脅魏的後方，於是將首都從武漢遷到了南京。遷都後立刻與公孫淵接觸，於二三二年派遣使者前往遼陽，準備購買軍馬。魏明帝發現後命河北、山東的軍隊，從陸海討伐公孫淵，但沒有成功。公孫淵為了自保，二三三年派遣使者前往南京，意與東吳結盟。孫權大喜，授予公孫淵燕王的稱號，將載有一萬將兵和各種奇珍異寶的船從海上送到遼陽。然而，公孫淵深知，由於東吳過於遙遠，如果有什麼事也不可能立刻趕來救援，所以根本沒有打算與東吳深交。公孫淵於是扣留東吳一行人，吞併金銀財寶，並將吳的正使斬首送到魏的洛陽，藉此表示誠意與明帝和解。

聽到消息後的孫權發現自己被公孫淵愚弄，大怒之下堅持無論如何也要親自出兵，從海上討伐公孫淵，斬下他的腦袋丟進海裡，否則無顏見江東父老。在群臣的勸說之下，孫權才好不容易冷靜下來。

被公孫淵扣留的東吳使節團中有四人逃脫，逃到了鴨綠江上游山中的高句麗國，在東川王的保護之下回國。吳與高句麗從此締結同盟，這次孫權想從海上派兵到高句麗。然而，東川王卻斬殺了吳的使者，將首級送到魏前線司令部的北京。高句麗與公孫淵一直處於對立的狀態，東川王希望藉此討魏的歡心。

由於有這一段過去，魏朝擔心東北的公孫淵會再度與東南的孫權聯手，再加上諸葛亮死後來自西方的威脅減弱，於是在二三七年，著手第二次討伐公孫淵。

這一次負責指揮的是司馬懿的人馬毌丘儉，他從南方正面轉向北京，再向遼陽進軍。然而，由於十幾日的大雨造成遼河暴漲，魏軍動彈不得，還沒有任何作為就被迫退軍。遼寧河川的水位在冬天時最低也最好跨越，但嚴寒的天氣不適合作戰。話雖如此，夏天由於雨季又難以渡河，公孫一族也因此自公孫度始在東北亞維持了近五十年的獨立。

司馬懿的崛起

到了這裡，公孫淵與魏斷交，以燕王自居，宣布獨立，再度尋求與東吳結盟。魏明帝於二三八年從西安召回司馬懿，率兵四萬，第三次討伐公孫淵。該年夏天，司馬懿的軍隊進攻，包圍了遼陽城，但又遇到連續的大雨造成遼河氾濫，魏軍的陣地也都被大水淹沒。然而，司馬懿並不慌張，待大雨停了之後繼續完成包圍的陣地工程，不分晝夜不斷地猛攻。到了秋天，遼陽城由於糧食不足而人心開始動搖。

正巧，一顆又白又亮的大流星飛過遼陽的上空，落在了城外的河裡。這個情景在城內引起騷動，被恐懼吞噬的公孫淵率數百騎突破重圍，想要逃往東南，卻被魏軍斬殺。地點剛好就是流星落下的位置。進入遼陽的司馬懿斬殺城內七千餘人，將屍體堆成一座高塔，紀念勝利。與此同時，魏的另一支軍隊從山東半島渡黃海於韓半島的西岸上陸，征服樂浪郡與帶方郡。就這樣，公孫氏的政權滅亡，東北亞一帶成為了司馬懿的地盤。

這時的洛陽，明帝正在生死邊緣。由於他沒有子嗣，於是指定養子齊王曹芳繼位，由伯父燕王曹宇輔佐。然而，明帝的身邊有首席祕書官劉放和次席祕書官孫資兩個近臣，深獲明帝的信賴，就算是大臣們做出的決議，如果二人不同意，則明帝不會實行。不用說，燕王曹宇一派的將軍們對於二人當然不會有好臉色。一天，燕王派的將軍二人在看到宮中飼養報時用小鳥的樹時說道：「桿亦久矣，其能復幾？」這話傳到了劉放、孫資二人耳裡，二人開始擔心自己的人身安全。二人在病床前說服明帝，讓他下詔解除燕王曹宇的任命，改指名由曹真的兒子曹爽輔佐。然而，對於年輕的曹爽而言負擔太過沉重，於是又命結束討伐公孫淵正在歸途中的司馬懿共同輔佐。

司馬懿在從遼陽返回的途中，接獲被解任前的曹宇的命令，讓他不去洛陽，直接回西安。接到明帝新的命令後，司馬懿騎快馬直奔洛陽，趕上明帝的臨終，接受讓他與曹爽共同輔佐八歲新帝的遺言。明帝死後，齊王當上了新皇帝。時間是二三九年正月。

過去在文帝死前受託輔佐明帝的四位重臣當中，曹真、曹休、陳群皆已經不在人世，現在的司馬懿已經成為了群臣之首。除了一直以來的地盤河南之外，又加入了新征服的東北地方，且他在曹真死後代管的西北方面也有發言權，成為了魏朝宮廷推不倒的第一重臣。

❖「親魏倭王」卑彌呼的誕生

捏造的大國邪馬台國

對此，曹爽為了將實權握在手裡，除了找來許多年輕有為的官僚放在身邊之外，更給予司馬懿包括太傅（皇帝的最高顧問）在內的各種榮譽。邪馬台國女王卑彌呼的朝貢，也是他諸多手段中的一環。

如前所述，曹爽的父親曹真在與西域諸國來往方面留下了許多功績，其中最引人注目的要屬二二九年貴霜王韋蘇提婆二世的使節團訪問中國。龍心大悅的魏明帝授予韋蘇提婆「親魏大月氏王」的稱號，在國內外大肆宣傳，此舉也讓曹真大有面子。到了這裡，以曹爽為首的魏宮廷也要給予司馬懿同等的名譽。為此，重新進入司馬懿勢力範圍的東北方面中，選出距離盡量遙遠的酋長，而這個人就是倭邪馬台國的女王。在帶方太守劉夏的安排之下，二三九年（明帝駕崩與齊王即位之年）內，卑彌呼的表敬使節團就抵達了洛陽。為了讓司馬懿有面子，於是授予和韋蘇提婆同等的「親魏倭王」封號。

然而，這其實是非常勉強的一件事。「親魏大月氏王」韋蘇提婆二世是貴霜帝國的君主，而「親魏倭王」卑彌呼卻並未統治所有倭人的三十國。伊都國於西元五七年獲東漢光武帝賜「漢委奴國王」的金印，而這個倭奴國王的後裔也尚在人間，且狗奴國的男王卑彌弓呼與卑彌呼處於對立的狀態，根本沒有統一。就像這樣，卑彌呼不過是被魏皇帝選中，成為倭人諸國名義上的代表而已。

然而，既然要授予「親魏倭王」的稱號，那麼就必須讓卑彌呼成為與韋蘇提婆二世並駕齊驅的君王，而邪馬台國也必須是與貴霜帝國同等的遠方大國。這完全是中國內政上的需要，而且事關曹爽與司馬懿的面子問題。就這樣，編造再編造的產物就是〈魏志倭人傳〉中的道里與方向，以及諸國的戶數。

邪馬台國的道里與方向

下面選摘〈魏志倭人傳〉中有關從帶方郡到邪馬台國的路程。

（1）從郡至倭，循海岸水行，歷韓國，乍南乍東，到其北岸狗邪韓國，七千餘里。

（2）始度一海，千餘里至對馬國。

（3）又南渡一海千餘里，名曰瀚海，至一大國。

（4）又渡一海，千餘里至末盧國。

（5）東南陸行五百里，到伊都國。

（6）東南至奴國百里。

（7）東行至不彌國百里。

（8）南至投馬國，水行二十日。

（9）南至邪馬台國，女王之所都，水行十日，陸行一月。

（10）自郡至女王國萬二千餘里。

（11）參問倭地，絕在海中洲島之上，或絕或連，周旋可五千餘里。

也就是說，從韓半島中部的帶方郡起，至半島東南端金海的狗邪韓國的距離是七千餘里，從這裡到女王首都的邪馬台國則有五千餘里的距離，合計共一萬二千餘里。

中國的一里是三百步。一步指的是左右腳各向前邁出一次的距離，一步其實等於兩步。如果將一步算做一點五公尺，那麼一里就是四百五十公尺。狗邪韓國約在小笠原諸島附近，如果從帶方郡開始算起的距離是七千里，那麼韓半島就成了像印度亞大陸一般的巨大陸地。再往前走五千餘里，那麼算起來，邪馬台國的位置要落在關島附近。不管怎麼計算，位置都不會是在日本列島上。

然而，奇怪的不僅是〈魏志倭人傳〉。〈倭人傳〉之前的〈韓傳〉記載，韓半島南部韓族的居住地「方四千餘里」。三十八度線以南的半島大小，無論怎麼算大約都是東西七百里，南北一千里，若是「方千餘里」尚且可以理解，但「方四千餘里」則是不可能的事。不過，這並非是誤記，而是為了配合從帶方郡到狗邪韓國的距離為七千餘里的記述，所以才會得出這一個荒謬的數字。一切都是因為政治上有必要將帶方郡至邪馬台國的距離寫作一萬二千餘里。

之前也有說到，在東漢西域長史班勇的報告中寫到，貴霜帝國的首都藍氏城距離洛陽約一萬六千三百七十里。至於邪馬台國，雖然起點帶方郡確切的位置不明，但距離平壤樂浪郡南方不遠，大約是在漢江溪谷的首爾附近。根據《續漢書》〈郡國志〉的記載，這個樂浪郡距離洛陽約五千里。這是非常正確的數字。

以現代鐵路的哩數來算，洛陽至鄭州之間約七十四點五哩，鄭州至北京之間約四百三十一點二哩，北京至瀋陽之間約五百五十二哩，瀋陽至平壤之間約一百四十六點六哩，合計一千二百零四點三哩，換算約五千里。這五千里加上〈魏志倭人傳〉中的「一萬二千餘里」，則從洛陽到邪馬台國的距離是一萬七千餘里，與貴霜帝國幾乎是同等的距離。

邪馬台國的人口

另外，〈魏志倭人傳〉中的人口，同樣也是捏造的數字。首先列出當中記載的戶數。

（1）對馬國……………千餘戶
（2）一支國……………三千餘家
（3）末盧國……………四千餘戶
（4）伊都國……………千餘戶

（5）奴國…………二萬餘戶
（6）不彌國…………千餘家
（7）投馬國…………五萬餘戶
（8）邪馬台國……七萬餘戶

全部加起來約十五萬餘戶，可與貴霜的十萬戶匹敵。然而，女王首都的七萬餘戶在當時人口銳減的中國看來，是非常驚人的數字。根據《晉書》〈地理志〉記載，包括洛陽在內的河南郡戶數，十二縣加起來約十一萬四千四百戶。若僅是洛陽的話，戶數約十萬戶以下，與邪馬台國的七萬戶不相上下。

這些倭國的戶口數字也是為了塑造卑彌呼是遠方大國君主的形象而捏造出來的。用這些史料來討論日本的古代史，到底能夠找出多少真相，真是令人不安。

另外，〈魏志倭人傳〉寫到向南再向南就可以抵達邪馬台國，「計其道里，當在會稽東冶」。代表與福建省福州市相同，大約位於北緯二十六度的位置。不用說，這也是捏造的內容，目的也是為了宣傳。

如前所述，司馬懿討伐公孫淵是因為東吳在海上的活動從背後威脅了魏。

如果因為成功討伐公孫淵而得到的新友好國邪馬台國是東吳背後的熱帶大國，那麼魏朝反而可以透過邪馬台國威脅東吳的背後。如此一來，司馬懿的功勳也會更上一層樓。邪馬台國的方位就是在這樣的政治意圖之下遭到刻意扭曲。

❖ 晉朝的創業

晉朝與〈倭人傳〉

曹爽為了從司馬懿手中奪回父親曹真過去的地盤西北，於二四四年率兵十餘萬從西安出發，討伐蜀。當然，司馬懿認為危險而反對，而曹爽本來也就沒有打仗的意思，於是未與蜀軍交戰便撤退。也就是說，曹爽此舉是為了合法排除司馬懿系的人馬，換上父親的人馬。

對此，司馬懿當然也不認輸。同年起至二四六年為止，命手下毌丘儉對東北境外的諸民族進行大規模軍事行動，佔領高句麗的王都，逼得高句麗王逃亡。魏軍還前進到夫余、沃沮、挹婁、濊、韓諸國。授予倭女王卑彌呼的大夫難升米黃幢（軍旗），也是作戰的一環。司馬懿藉此在東北站穩腳步，用其戰果當作與曹爽派進行權力鬥爭的武器。

之後，卑彌呼於二四七年死去，同族十三歲的少女臺與當上了女王。

這時，發生了對司馬懿有利的事情。十六歲的皇帝沉迷與同伴玩樂，皇帝身邊都是曹爽派的新官僚，而他們也因此遭到究責。司馬懿看準明帝的未亡人皇太后與現在的皇帝不和，於是暗地裡與皇太后來往。卑彌呼死後二年的二四九年正月，皇帝與曹爽在明帝的忌日出洛陽城，渡城南的漯河，前往明帝位於大石山腳下的墓地高平陵祭拜，司馬懿趁二人不在時發動政變。皇太后命人關閉洛陽的城門，控制武器庫，接收禁軍的指揮權，要求皇帝解除曹爽一派的職務。政變成功，曹爽派的官員逐一失勢而遭到逮捕，最後全部難逃一死。

這個發生在二四九年的政變讓魏朝的大權重新回到司馬懿的手裡。然而，已經高齡七十一的司馬懿於二年後的二五一年死去。由長子司馬師繼承，二五五年司馬師死後，則由弟弟司馬昭繼承。

《晉書》〈四夷列傳〉中寫到，倭人「及文帝作相，又數至」，可見邪馬台國女王臺與繼續與交情深厚的司馬家來往。

二六五年司馬昭死去，他的兒子司馬炎廢除只具名義的皇帝魏元帝，自己登上帝位，開啟晉朝，史稱晉武帝。倭女王立刻於翌年派遣使者表達祝賀之意。

如此看來，二四九年的政變在實質上開啟了晉朝，而成功征服公孫淵和東北的地盤是讓這一切變得可能的關鍵。〈魏志倭人傳〉的背後有著這樣的內情。

進入晉朝之後，東北一直被視為帝室的創業之地而備受重視。在之前征服蜀的魏軍將軍們在成都兵戎相見，遠征軍陷入混亂的時候，一個名為衛瓘的人成功控制場面，立下功勞。晉朝看中他的才幹，於二七一至二七八年間，派他駐守北京，負責防禦東北邊境。在任期間，東夷諸國的朝貢使幾乎每年都會訪問晉朝位於洛陽的宮廷，這個時代的中國人對於東夷的實情也愈來愈瞭解。

❖ 編纂《三國志》的內情

張華的活躍表現

衛瓘之後在東北邊境表現活躍的是張華。張華出身於北京附近的固安縣，年輕時雖然貧窮以養羊維生，但他的才能受到同鄉人劉放的認可，讓他與自己的女兒成親，也因此有緣在司馬昭的身邊工作。武帝即位後，張華被任命為次席秘書官，參與重要決策。

然而，他的影響力受到有勢力的貴族嫉恨，於是被貶為東北邊境的司令官，頂著「持節、都督幽州諸軍事、領護烏桓校尉、安北將軍」等頭銜，駐守幽州（北京）（二八二年至二八七年）。結果，如同《晉書》〈張華列傳〉所記，「東夷馬韓、新彌諸國依山帶海，去州（幽州，北京）四千餘里，歷世未附者二十餘國，並遣使朝獻」，晉朝的勢力深入韓半島。

然而，由於功績過於顯赫，張華再度被視為威脅而被召回中央。

晉武帝死後，繼位的惠帝和妻子賈皇后，與掌握政權的武帝未亡人楊太后一族反目，二九一年，賈皇后率軍發動政變，將楊家一一消滅。張華也參與了這一場政變，掌握中央實權，擔任相當於皇帝首席祕書官、副總理的職務。然而，到了三〇〇年，賈皇后一族在第二場政變中被打倒，張華也被殺。

《三國志》的著者——陳壽

受到張華庇護的正是《三國志》的著者陳壽。陳壽是蜀人，雖擔任官職，但在父親的服喪期間病倒，讓家中女眷為他製作藥丸。儒教中有「三年之喪」，必須嚴格服喪二十五個月，足不出戶。尤其對於性生活的限制更是嚴格，但陳壽雖然臥病，卻依舊讓異性出入自己的寢室。來探望的客人將此景說了出去，陳壽遭到世間的排擠，因而失勢。蜀滅亡之後情況也沒有改變，但由於張華的賞識與推薦，陳壽終於被任命為晉朝的編纂官，負責撰寫《三國志》。

張華原本想要推薦陳壽為武帝的秘書官，但在嫉恨張華的重臣阻擾之下，無法實現。在消滅東吳的將軍杜預的推薦之下，陳壽終於被任命為法務顧問官，但由於母親過世而不得不休官。另外，由於陳壽依照母親的遺言將她葬在洛陽，又被批評為不回鄉的不孝子，因而再度失勢。幾年後，雖然又被任命為皇太子的陪讀，但還沒有上任就病死了。這時的張華正好因二九〇年的政變而回歸中央政權核心，大權在握。在他的支持之下，提出公認《三國志》的請求，《三國志》因此獲得敕令，得到了正史的資格，流傳於後世。

《三國志》的編纂有這麼一段原委，而當中一部分的〈魏志倭人傳〉站在著者陳壽的立場，就算是事實，如果對晉朝帝室的名譽不利則不寫入。相反的，就算是謊言，如果有利於政治，則不得不寫入。如果不這麼做，不僅是自己，就連庇護自己的張華也會遭殃。《三國志》〈魏書〉當中，之所以作為與外國關係的書卷只有〈烏丸、鮮卑、東夷傳〉而沒有〈西域傳〉，也是這個原因。

如果編纂〈西域傳〉，則必定會提到「親魏大月氏王」韋蘇提婆，但這會變成是在稱讚司馬懿用暴力扳倒的政敵曹爽之父曹真的功績。陳壽當然不可能編纂〈西域傳〉。

相反的，〈烏丸、鮮卑、東夷傳〉針對的是過去公孫氏地盤的東北亞異族。

因此，與打倒公孫淵、繼承這塊地盤的司馬懿也有很深的淵源。當中，為了提及「親魏倭王」卑彌呼，倭人是絕對不可以缺少的項目。

熟悉日本實情的陳壽

「親魏倭王」象徵的是司馬懿成功討伐公孫淵，和新皇帝曹芳登基的高潮，與後來司馬懿發動政變（二四九年）、晉朝建國（二六五年）也息息相關。無論是對晉武帝、張華還是陳壽而言，都是意義非常重大的事件。

再加上，庇護陳壽的張華出身於北京當地，原本就對東北亞的情況非常瞭解，又擔任東北方面的軍隊總司令官，且讓晉朝中國的影響力深入韓半島南部的馬韓諸國。另外，張華之前的衛瓘也與引薦陳壽的杜預和張華熟識，因此，在張華的庇護下撰寫《三國志》的陳壽，無疑對於日本列島的實情有著充分的瞭解。

陳壽在《三國志》〈魏書〉〈明帝紀〉中寫到明帝與司馬懿商量討伐公孫淵，記載明帝提到「四千里征伐」。這裡指的是從洛陽到遼陽的距離，是非常正確的數字。如前所述，以現代鐵路的哩程計算，洛陽—鄭州—北京—瀋陽間合計一千零五十七點七哩，而瀋陽至遼陽之間則是四十哩，換算下來約三千九百里。

此外，之前引用的《晉書》〈張華列傳〉中寫到，從北京到韓半島南部馬韓諸國之間的距離是「四千餘里」。《晉書》本身是在唐朝時所編纂，但這個內容是引用張華自己的報告。這個數字也非常正確，如果同樣用鐵路的哩程計算，從遼陽到樂浪郡所在的平壤約一千一百里，而從洛陽到平壤則是五千里。與陳壽同時代的司馬彪所寫的《續漢書》〈郡國志〉當中，同樣記載樂浪郡位於洛陽東北五千里處，當時的人正確知道這方面的距離。無論如何，以此為基礎從北京測量「四千餘里」，相當於是距離平壤一千里的馬韓，正好是韓半島南端附近。

就算如此，陳壽在〈烏丸、鮮卑、東夷傳〉中，還是必須將帶方郡以南的韓半島大小誇張成以距離來算的四倍、以面積來算的十六倍，且在〈倭人傳〉中無法正確記述邪馬台國的實際狀況。因為這關係到司馬懿的名譽，也關係到現在帝室的名譽，屬於重大政治問題。因此，陳壽採用的是二三九年授予卑彌呼「親魏倭王」稱號時，司馬懿一派捏造的誇大報告書。對於陳壽而言，這是唯一可以自保的方式。〈魏志倭人傳〉中的道里、戶數、方位，就這樣傳承了下來。

無論是偉大的邪馬台國，還是神秘的女王卑彌呼，都是在三世紀中國內部需求下所打造出的幻影。然而，日本列島的某處有一個中國人稱作是卑彌呼的老女巫，而她住的地方叫做邪馬台，這些應該是事實。

另外，利用卑彌呼在宗教方面的權威，中國人於是選她當作倭人的代表，讓她擔任類似中國名譽總領事的角色，這一點也無庸置疑。然而，女王卑彌呼在同時代倭人的眼裡，實際上究竟掌握多大的王權，這一點無法從〈魏志倭人傳〉中判斷。更不用說無論如何反覆研究〈魏志倭人傳〉中的道里記述，也不可能找出邪馬台國真正的位置。

引用〈魏志倭人傳〉這樣不可靠的史料，《日本書紀》也是七世紀末至八世紀初，日本列島由於政治情勢需要而編纂的書籍，甚至連七世紀初的史實都無法正確記載。姑且不論事蹟，就連王朝的家系圖，雖然追溯到了四世紀末的仁德天皇，但在之前大和時代的天皇，全部都是虛構的人物，而且是在七世紀末新創造出的人物。

大和朝廷根本不存在。最起碼，《日本書紀》中所寫的天皇們並不存在。

如此一來，討論邪馬台國和大和朝廷是否相同，這一個問題本身就是無稽之談。更不用說卑彌呼是不是天照大神、倭迹迹日百襲姬、倭姬或是神功皇后？這根本是不需要討論的問題。簡單來說，邪馬台國這一個國家，根本不存在。

第四章

倭人與絲路

❖ 中國的交通路徑

倭人與地中海相連接

「Silk road」是日本對絲路的稱呼，英語一般寫作「silk route」。這一詞彙出自德國學者阿爾伯特・赫爾曼（Albert Herrmann）於一九一〇年出版的《中國和敘利亞之間的古代絲綢之路》，「絲綢之路」的德文是「Seidenstraße」，日文譯作「silk road」，而英文則譯作「silk route」。

這條絲綢之路是將中國特產的絲綢透過中亞陸路運到羅馬帝國的貿易路線。西元二世紀在埃及亞歷山大港發展的希臘地理學者托勒密的著作中寫到，絲綢之路是從羅馬帝國東方領地的首都——地中海的安提阿市（現在土耳其的安塔基亞）起，經過敘利亞、伊拉克北部，向東跨越伊朗高原，再從現在屬於蘇聯領地的西突厥斯坦，跨越帕米爾山區一個名為「石塔」的地方，抵達新疆維吾爾自治區的喀什噶爾，從這裡繞塔克拉瑪干沙漠的邊緣，北道沿著天山南麓，南道則向東沿崑崙山脈前進，從玉門關進入甘肅走廊，抵達漢朝的首都長安（西安）。中國以長安為都是西漢時候的事情，托勒密同時代的東漢已經遷都洛陽。

然而，絲路的終點其實並非長安或洛陽。從這裡再與中國大陸縱橫連接，利用河川，形成一個龐大的商業交通網路，其中一支向東方延伸，跨越韓半島，抵達日本列島。

也就是說，彌生時代的倭人諸國已經間接地與地中海世界相連接。下面就來討論這個國際貿易路線如何深刻影響倭人們的命運。

以黃河中游為中心的水路

中國漢族居住地帶的北界，不用說，就是萬里長城。

西從甘肅省的北境開始，分開寧夏回族自治區、陝西省、山西省、內蒙古自治區的這一道長城，是因為這裡是漢族居住地帶自然環境的北界所以才建在這裡，並不代表漢族的勢力僅到此為止。另外，長城也不是為了防禦蒙古高原上的遊牧民族入侵所以才修建的。在中國漫長的歷史中，長城沒有一次成功抵禦入侵，每一次都是很輕易地就被跨越。長城其實更像是區分了兩個異世界的標的物。

那麼，以長城為界，最大的不同是什麼呢？答案是交通形式。北側交通無疑是以陸路為主，而南側，也就是漢族原本的世界，基本上是以水路為主。事實上這也是中國文明在黃河溪谷發源的根本原因。

然而諷刺的是，黃河自古以來就不斷帶給中國人各種災害。首先，黃河阻擋了南北的交通。黃河發源於青海省青藏高原的巴顏喀拉山脈，向北流入蒙古高原後再向東流。最早以前的黃河是一直向東流，進入北京附近的渤海灣。之後由於地盤傾斜的變化，轉向南急流直下，進入秦嶺山脈，奪走了過去渭河的河道向東流。除了水流湍急之外，兩岸又是容易被水侵蝕的黃土層，因此形成了一百公尺以上的斷崖絕壁，幾乎不可能跨越。

進入河南省後，在洛陽北部附近，兩岸的高度變低，出平原之後水流也減緩。然而，溶於水的黃土淤積嚴重，在河水氾濫的時候，開封以東的河北、山東大平原一望無際，直到地平線的終點，全部化身為泥海。完全不適合人類居住，交通當然也不發達。

然而，幸好從洛陽往東一直到開封為止的二百公里之間，黃河兩岸低且河道安定，水流也很和緩，只有這裡可以渡河。

因此，連接中國南北的交通全部集中在這裡，逐漸擴展。這就是黃河中流的溪谷為何會孕育出中國古文明的根本原因。

從洛陽開始四通八達的貿易路線

其中的中心位置就是東漢的首都洛陽。

從這裡向北從孟津渡黃河就可以抵達太行山脈的南端，登上著名的羊腸阪從山西高原向北走，出雁門關後就是大同盆地，進入內蒙古。從內蒙古向西繞陰山山脈北邊，有一條直通天山山脈東端的路。從天山北麓經過西突厥斯坦，再從這裡前往南俄羅斯或伊朗，這一條路線雖然沒有出現在托勒密的地理書當中，但這也是一條完整的絲路，對於草原上的住民而言，這一條反而才是他們的主要道路。

另外還有一條從內蒙古向西北橫越戈壁沙漠、出色楞格河的路線。還可以從這裡向西跨越杭愛山、阿爾泰山，連接天山北路，或是順色楞格河往下，經過貝加爾湖、安加拉河、葉尼塞河、鄂畢河、托博爾河、西伯利亞河，跨越烏拉爾山脈，進入窩瓦河，從頓河出黑海，或是也可以出波羅的海。

再回到洛陽，如果沿太行山脈東麓向北，在北京分成兩條路。往西北出居庸關、張家口可以到達蒙古高原，往東北則從灤河的溪谷跨越大凌河向下，可以抵達遼河三角洲。向北迂迴往上游前進抵達瀋陽市，再從這裡南下遼陽市，往東南進入朝鮮半島，抵達位於大同江溪谷的平壤。

另外，如果從瀋陽繼續向東北前進，沿松花江進入黑龍江，抵達庫頁島（參照三八至三九頁的地圖）。

上述黃河以北的古貿易路線的共通點是都無法利用水路，基本上靠的都是路上交通。然而，黃河以南，只要靠水路就可以去許多地方。這正是漢族原本的生活環境。

❖ 中國的成立

內陸乘舟

洛陽附近是靠著黃河南岸的小盆地，不必擔心水害。古時候利用不發達的技術進行排水與灌溉，維持適當的農耕支撐城市生活。然而，並不是只要有農耕就可以形成城市。

城市發展的契機在於商業，形成商業城市之後，周圍的農村才跟著發達。反之則不成立。中國是商業國家，並非農業國家。

洛陽盆地位於秦嶺山脈東端。這個洛陽被認為是傳說中中國最古老的王朝——夏朝——的首都。從這裡跨越東南的嵩山有一個名為禹縣的城鎮，在其東方則有杞縣，二者在歷史上都是有名的夏人城市。

禹縣和杞縣都位於淮河支流的水源地，只要從這裡向東南行船，就可以進入安徽省、江蘇省的水鄉地帶。這裡是黃河、淮河、長江（揚子江）下流三角洲交會的地方，只要善用錯綜複雜的河川分流和湖沼，北可至山東省的泰山山塊，南可達浙江省的杭州灣，在內陸乘船就可以來去自如。

另外，洛陽南方的南陽市在歷史上也是夏人著名的一大商業城市。從這裡乘船經白河進入漢江中游，順流而下則可在武漢市出長江中游。這裡是橫跨湖北、湖南兩省的大水鄉地帶。從長江進入洞庭湖，沿湘江往南，則可以進入廣西壯族自治區的興安縣平坦地，非常靠近灕江上游。

秦始皇於西元前二一四年在這裡開拓了名為靈渠的水路，讓船隻可以往來。在此之前僅有約三十公里的和緩道路，因此這裡無疑是古道的主要街道。

灕江在桂林市改稱桂江，向下到了梧州市又成了西江，進入廣東省後向東流抵達廣州市，最後進入南海。

廣州市從以前開始就是中國貿易的主要港口，從這裡沿越南海岸可通馬來半島，經由克拉地峽或麻六甲海峽可達安達曼群島、尼科巴島、斯里蘭卡島，到達南印度，或是從恆河進入北印度、旁遮普、喀什米爾、阿富汗，與絲路會合。南印度阿里卡梅杜的港口發現了過去羅馬商人的商埠遺跡。

也就是說，從南陽市出發的內陸水路經由南印度、阿拉伯、紅海、埃及，與地中海連接。另外，漢江上游的陝西省褒城也是夏人一族的古老城市，從這裡向北越過秦嶺山脈，就可以連接托勒密在地理書中所寫的絲路。

換句話說，夏人的古都全部都是南方的人們乘船北上，遇到山脈後下船在原地定居，與北方從陸路南下的人們進行交易的地方。而洛陽正好掌握了黃河的渡口。

關於夏朝的神話或傳說，一定會有龍登場。龍（*grian）原本是東南亞的水神，與代表水路的江（*kran）屬於相同語源。泰文的「渠」用的也是這一個字。也就是說，建造中國第一個王朝的夏人其實是「南蠻」，是將稻米裝上船航行海洋與河川的人們。

沒有「中國人」這個種族

之後，北方的殷人入侵，征服夏朝，接收夏人的商業網。

殷人是從山西高原至南北亞森林地帶的狩獵民族，也就是所謂的「北狄」，但他們採用夏人的東南亞語系，將夏人發明的漢字更加發揚光大。

殷王朝後來被出身甘肅省的「西戎」周朝取代，而取代周朝的秦朝也是來自甘肅方面的「西戎」，同樣是遊牧民族出身。相對於此，另外還有「東夷」。「夷」原本與「低」、「底」同音，是山東、安徽、江蘇方面水鄉地帶的原住民。他們的文化與南蠻差異不大。

也就是說，古代中國原本並沒有漢族。蠻、夷、狄、戎互相接觸，經過交涉，在中間地帶形成了城市，與出身的種族無關，過著城市生活的人們成為了中國人。因此，中國原本並沒有中國人或是漢族這個種族。

非常有趣的是，「夏」與「賈」同音，代表商人的意思。代表官方語言的「雅言」是「夏言」，也就是夏人的語言，而「牙言」則代表仲介人的意思。

說到這裡，殷的本名為「商」，殷人也就是「商人」。「狄」則與貿易、交易的「易」同音，代表買賣的意思。黃河以南的商人是夏人，黃河以北的商人則是狄人，而洛陽位於東南亞商業圈與東北亞商業圈的交接處。

整合這兩種性質相異的商業圈形成了名為中國的商業國家，其經營方式是在從首都沿水路延伸的貿易路線要地上派遣軍隊，建設城郭都市，周邊用人民公社的方式開拓農園，支配這一帶商品的集散。

這就是所謂的縣城，「縣」有直屬首都的意思。但如果離首都太遠，就失去了直屬的意義，於是每數十縣就會選一個位在交通要衝上的城市，在這裡設置軍司令部，率領常駐軍保護貿易路線，這就是「郡」。「郡」與「群」、「軍」同樣代表常駐軍的意思。郡的司令官如果是世襲則屬於封建制，若是任命則屬於郡縣制。

中國基本上都是由這些水路與縣城形成的點和線所構成，並不是覆蓋某一個面。縣城與縣城之間是蠻夷之地，是夷狄的住處。只有縣城四方形的城牆內才是中國，住在裡面說著首都語言的人就算出身與城外的蠻人相同，也是中國人，也是漢族。

換句話說，中國人並非人種，而是與首都的王或皇帝締結君臣關係的政治概念，也是住在首都、說中文、寫漢字的文化概念。

❖ 從韓半島到日本列島的貿易路線

從中國到韓半島

這裡的問題是橫貫韓半島、到達日本列島的貿易路線。如前所述，從洛陽往北，經過北京、瀋陽、遼陽，一直到平壤為止都是陸路，沒有適合船隻航行的河川。因此，這附近是出身狩獵民族北狄的殷人的活動範圍。現在在這一條路線上也發現許多從殷代後期至西周前期的遺物。殷王族賢人箕子的傳說和殷商遺臣伯夷、叔齊兄弟的傳說也是以此地為舞台。

尤其是箕子，也許是因為他的封地在朝鮮，因此傳說是他首先將文化帶進朝鮮。當然這並非史實，但在進入周朝之後，繼承北京殷人聚落的燕國為了之後前進韓半島，因此將擁有殷商遺民的箕子傳說與朝鮮做聯結。

然而，比起燕人，越人其實應該更早就前進韓半島。傳說越人是夏人的子孫。他們同樣是擁有東南亞文化的海洋民族，住在華南浙江省的海岸。西元前四七三年，越王勾踐滅掉江蘇省的吳王夫差後一口氣北上，定都於山東半島南岸，靠近現在青島市的琅邪山。

這裡是當時華北唯一的良港，只要從膠州灣開始利用膠萊河，就可以乘船跨越山東半島，進入渤海灣。可以與山東的齊國、河北的燕國進行貿易。另外，從山東半島北岸的登州經由廟島群島，可以抵達遼東半島的旅順口。從這裡向東進入大同江口就可以抵達平壤。琅邪位於泰山山塊的南側，冬天可以阻擋西北風，溫度可以上升五度，非常暖和。再加上山東半島尖端是寒流與暖流的交會地有許多魚，對於來自南方漁撈民族的越人來說再適合不過。

越王國在琅邪維持了一世紀半的繁榮，直到西元前三三三年被楚國所滅，越人四散各處。然而，在此之前，越人沒理由不前往韓半島。

從平壤沿大同江順流而下，再在支流的載寧江向南，再接支流的瑞興江向東。在車嶺越過滅惡山脈就可以出禮成江。從禮成江向下出江華灣後，右邊馬上可以看到江華島，則這裡進入漢江口。左邊是首爾，右邊是廣州，沿漢江不斷向南就可以抵達忠州。從忠州開始，在鳥嶺越過小白山脈，就可以抵達聞慶。從聞慶再沿洛東江向下，從釜山出海峽，就可以看到對馬島。

從韓半島到日本列島

從對馬經由壹岐進入博多灣，向東航行瀨戶內海就可以抵達大阪灣。也就是說，從平壤到大阪幾乎只需要乘船就可以順利前往。尤其是從平壤至釜山的內陸水路，其性質與華中、華南相同。如果沿著韓半島的西岸航行，則潮汐的漲落差異極大，可以達到七至十公尺。海岸線極為複雜，有許多小島與暗礁，潮流的速度快，非常危險。連接大同江、漢江、洛東江的內陸水路自古以來就是半島的主要道路，事實上，考古學發現的遺物也多半集中在這個沿線上。

最早利用從平壤至大阪這一條自然商業水路的外國人應該是越人，西元前三三三年越國滅亡後，琅邪成為了華北唯一的海港，當地留下了在海的彼方有一個樂園的傳說。

西元前二一九年，秦始皇首度來到琅邪，對此地一見鍾情，在此修築宮殿，讓三萬戶的人民移居此地，創造出了一個大城市。秦始皇聽到琅邪的傳說，得知在東方海中有蓬萊、方丈、瀛洲三座神山，長生不老的仙藥就在這些地方。於是，秦始皇以琅邪為基地，積極進行海上探險，最後甚至命齊人徐市（徐福）率領童男童女數千人，乘船出海尋找三神山。這個著名的三神山傳說應該來自於越王國被滅之前以琅邪為基地的年代，由在海外活動的越人所流傳下來。另外，這時在日本列島也正好是彌生文化開始萌芽的年代，而且，彌生文化與華中、華南有許多共通要素這一點也非常有趣。

取代越人進入韓半島的是燕人，《史記》記載：「略屬真番、朝鮮，為置吏，築鄣塞。」也就是說，在內陸水路沿途的要道上築要塞，派兵駐防，確保通往日本列島的貿易路線。這裡的「真番」是洛東江溪谷的原住民，而「朝鮮」則是從大同江至漢江一帶溪谷的原住民。

然而，燕國瞄準的對象說到底還是日本列島。因為日本列島是一個需要開拓的巨大市場。

富饒的日本列島

雖然是後面一點的時代，但根據考古學家森浩一氏的推定，日本全國的古墳總數約十五萬座。

古墳建造的時代大約是從四世紀至七世紀，大約三百年的時間，也就是說，平均每年約建造五百座古墳，這是難以想像的盛況。能夠持續不斷地建造需要許多人力與資源的古墳，代表日本列島的人口眾多，而且生活富饒。

與此相比，韓半島的古墳卻是屈指可數。在過去，無論是哪一個時代，韓半島的人口都僅是日本列島的三分之一。即使僅就古墳而言，雖然陪葬品中有許多日本少見的金製品，但古墳本身簡陋且小，即使是慶州盆地的新羅古墳，也幾乎看不到直徑達到一百公尺的規模。

從這些地方可以看出，中國對於韓半島的統治其實是為了得到日本市場的利權。

❖ 與絲綢之路直接連接的日本列島

秦始皇與絲綢之路

燕國於西元前二二二年被秦所滅，翌年秦統一中國。

秦始皇於遼陽設置名為遼東郡的軍管司令部，負責管轄韓半島的日本貿易路線。另外，西元前二一四年，趕走西北方的遊牧民族匈奴，確保絲綢之路，同時又在南方開拓靈渠，沿灕江往桂江、西江往下，在現在的廣西設置桂林郡、廣東設置南海郡、北越設置象郡，掌握通往印度洋的貿易路線。

這時的日本列島確實與絲綢之路連接。

然而，西元前二一〇年秦始皇死後秦朝崩壞，諸國興起進入戰國時代，而燕國也是其中一國。但這個燕國因為戰亂而自顧不暇，於是從韓半島撤回駐兵。到了西元前一九五年，漢高祖進攻這個燕國，將遼東郡納入漢朝的直轄領地，但同樣因為戰亂的後遺症而沒有餘力介入半島，日本貿易路線由出身燕國、在平壤自稱朝鮮王的流亡中國人衛滿控制。

這時的漢朝還不是個統一的帝國而是諸王國的聯盟，漢王只不過是擁有皇帝的稱號而已。這就是漢朝所謂的郡國制。就算把所有的王國加起來，漢朝皇帝的勢力範圍仍僅限華北、華中，西北的絲綢之路由內蒙古的匈奴帝國控制，華南的浙江、福建、廣東、廣西的海岸地帶各是東甌（溫州）、閩越（福州）、南越（廣州）等獨立國家，中國被四面八方諸國圍住，只有琅邪的港口對外界開放。

在這樣的狀況之下中國慢慢統一，西元前一四一年漢武帝即位後，利用逐漸恢復的國力開始著手收回對外貿易利權。

首先，漢朝介入閩越與東甌的紛爭，將東甌移居內地。同時又趁南越與閩越發生衝突之際出兵討伐閩越，此舉主要是為了控制從江西省沿閩江向下出臺灣海峽的水路交通。對於南越，漢朝在貴州省的山岳地帶開闢道路，試圖控制從夜郎國沿濛江順流而下，再從西江出廣州的水路交通。又從四川省開始開拓靈關道，橫越東西藏，希望控制從阿薩姆沿布拉馬普特拉河向下出孟加拉灣的路線。

另外，針對日本貿易路線，從西元前一二八年的秋天開始至西元前一二六年的春天為止，試著開拓從遼東郡繞白頭山南端，從咸興市出日本海，再從這裡南下韓半島的東海岸，抵達日本列島的路線。

然而，由於計劃過於龐大而無法一次實現，不久之後就放棄，集中力量在開發西北的絲綢之路上。

之後，經過連年征討，終於將匈奴從內蒙古驅趕出去，西域三十六國與漢朝結盟，西元前一一〇年代，絲綢之路由中國控制，並在西南夷的印度路線上設置五郡。另外，南越王國也被征服，南海路線上也設置了九郡。

至於日本路線，西元前一〇八年朝鮮王國被滅，半島設置樂浪、真番、臨屯、玄兔四郡。

日本古代史的第一頁

四郡中的真番郡位於韓半島南端的洛東江流域，在這裡建設了十五個縣。如果一個縣城以一千人做計算，那麼就代表有超過一萬的中國人移住日本列島的面前，並從事日本列島的市場開發。當然，中國的商船定期前往日本列島，在海岸與河口的港口逐漸形成市場，土著民聚集在這裡與中國商人進行交易。

就像這樣，日本列島也開始形成城市，出現酋長，國家逐漸萌芽。然而，由於漢武帝長達五十四年的積極政策，嚴重消耗漢的國力，到了武帝死後的西元前八二年，真番郡被廢止，日本貿易的管轄權轉到小白山脈北邊的樂浪郡。

經過真番郡二十六年的作為，日本列島各處都有被稱為「國」的商業城市。這就是〈漢書地理志〉中記載「樂浪海中有倭人，分為百餘國，以歲時來獻見云」的倭人百餘國。倭人首度出現在歷史舞台上。也就是說，華商的活動開啟了日本古代史的第一頁。

之後，王莽篡漢，由於施政不力使得中國陷入全面性的內亂，花了二十年的時間才終於由東漢光武帝重新統一中國。然而，內亂使得中國的人口銳減至原本的四分之一，實在沒有實力確保境外的貿易利權。於是，光武帝於西元五七年任命博多的奴國酋長為「漢委奴國王」，負責管理日本貿易。這個漢委奴國王應該就是三世紀伊都國王的直系血親。

進入東漢時期的中國於一八四年發生黃巾之亂，戰亂持續了半世紀，人口再度銳減至十分之一，國內則處於軍閥割據的狀態。這就是有名的三國時代，這時的東北方面由遼陽的公孫氏統治。公孫氏於三世紀初開始向韓半島推進，在漢江的溪谷設置帶方郡。當然，主要目的是為了日本貿易。

然而，自黃巾之亂以來，半島上的多數人都逃往南方真番郡的故地，也就是洛東江流域避難，在土著民之間建造自己的城市，成為真正的華僑。無疑也有更多的華僑因此來到日本列島。韓半島的一部分華僑在公孫氏開拓帶方郡的時候回到中國，但大多數都定居下來。二三八年，魏朝將軍司馬懿滅公孫氏，樂浪郡和帶方郡直接由中央管轄。之後，自東漢後斷絕的中國與西域諸國交通，也在魏朝將軍曹真的努力之下重新開啟，倭人也因此重新與久違的絲綢之路連接。

❖ 倭國與絲綢之路

日本貿易路線上的華僑

〈魏志東夷傳〉當中關於華僑在日本貿易路線上的活動，有著非常有趣的記述。

當中記載，漢江溪谷西側山中是野蠻未開發的馬韓族的住地，這五十餘國既沒有王，也沒有城郭，社會秩序尚未形成。與此相比，向南跨越鳥嶺，從洛東江流域開始一直到慶州盆地一帶，有辰韓、弁辰等二十四國的城郭都市四散各地，商業盛行。特產品的鐵從樂浪、帶方二郡開始，被當作與韓、濊、倭進行國際貿易時的貨幣使用。

而且，辰韓和弁辰的語言幾乎相同，但根據辰韓的古老傳說，他們是過去流亡中國人的子孫，為了躲避秦的暴政而逃到韓國避難，獲得馬韓以東的土地，之後定居於此。事實上，辰韓語當中含有秦（陝西省）方言的要素，與樂浪、帶方中國人的燕（河北省）、齊（山東省）的方言不同，有人也將辰韓稱作秦韓。

這代表了辰韓人是西漢時期，以陝西方言為官方語言的中國人移居半島之後的舊華僑子孫。另外，辰韓出產的鐵被用來當作與倭人交易時的貨幣使用，這一個事實也證明了沿洛東江上、古代日本貿易路線建設城市的辰韓系華僑，握有日本列島上倭人諸國的市場。

倭人的三十國是商業城市

另外，〈魏志東夷傳〉中有關倭人的項目，也就是〈魏志倭人傳〉，當中記載「有邸閣國，國有市，交易有無，使大倭監之」，從這裡可以明顯看出，倭人三十餘國皆是以市場為中心發展起來的商業城市。不僅如此，當中特別註明監督市場的是倭人，證明當時在市場上開店的不是倭人而是中國商人。

也就是說，倭人諸國是華僑建設的中國城，而倭人酋長則是靠商稅維生。

邪馬台國的位置與絲綢之路

正如前三章的詳細論述，著名的邪馬台國的位置問題，其實與絲綢之路也大有關係。

從〈魏志倭人傳〉中有關倭人諸國的方向與里程的記述看來，距離帶方郡一萬二千餘里的邪馬台國位於菲律賓與夏威夷中間的太平洋上，大約是現在關島的位置。這是以魏朝的首都洛陽為中心，為了將東方「親魏倭王」的首都邪馬台國與西方「親魏大月氏王」的首都藍氏城放在對稱的位置上而捏造出來的內容。由於魏朝的中國與絲綢之路上的大國貴霜王國之間的交涉而使得歷史遭到扭曲，可見倭人與絲綢之路有很深的淵源。

第五章

日本建國前的亞洲情勢

日本於何時建國？

在討論「日本建國前的亞洲情勢」之前，首先必須知道日本於何時建國。在大東亞戰爭結束之前的學校教育中，學生被教導神武天皇於西元前六六〇年在大和的橿原即位，這被視為是日本的建國。西元前六六〇年太過久遠，但由於受到此一影響，很容易就會產生從西元前六六〇年減去幾年就是日本建國年代的想法。這種想法建立在將皇室的起源、大和朝廷的起源、日本的建國一視同仁的基礎上。

這種一視同仁的想法其實沒有任何根據。既然是建國，那麼就必須是一個統一的國家。這一個統一的國家究竟於何時建立，其實眾說紛紜。最近是由考古學者江上波夫氏提出、俗稱「騎馬民族說」的學說。根據這個學說，四世紀至六世紀之間，大約是五世紀的時候，雖然原因不明，但從大陸騎馬而來的人們征服日本列島，首度建立統一國家，這就是日本的建國。

這個「騎馬民族說」是《日本書紀》記載的神武天皇御駕東征傳說的改編版，不過是將神話合理化而已。將神視為人類、神話變成歷史，重複這一個自古以來常見的手法，「騎馬民族學說」與其說是學說，不如說是幻想，充其量不過是新版的神話。

接下來將從嚴謹的歷史學角度出發，而非這種非科學的神話，說明日本究竟於何時建國，以及日本建國時勢必要克服的當時的亞洲情勢。

從結論來說，日本是於西元六六八年建國，建國的君主是天智天皇。從東洋史學的角度看來，這一點無庸置疑。

❖ 從倭到日本

最初與最後的倭紀錄

日本列島上的住民最早是在西元前一世紀時，以「倭」的名字出現在中國的文獻中。具體而言是出現在《漢書》〈地理志〉中有關西元前一世紀末至二〇年代的情勢，留下有名的「樂浪海中有倭人，分為百餘國，以歲時來獻見云」的記述。

日本列島的住民從這裡開始一直以「倭」的名字出現在中國的文獻當中。日文常見的「和風」、「和服」、「和食」等的「和」字其實是「倭」，後來才用同音的「和」字取代。另外，「大和」讀作「yamato」，原本也是寫成「大倭」。

「日本」二字於七世紀的六七〇年，首度取代「倭」字，出現在外國文獻當中。高麗王朝於一一四五年編纂的《三國史記》〈新羅本紀〉中關於文武王治世的部分，在六七〇年十二月這一項中記載：「倭國更號日本。自言近日所出以為名。」《三國史記》是七世紀的事情發生後五百年的十二世紀時編纂的史書，一般而言，其作為史料的價值比八世紀編纂的《日本書紀》還要低。然而，當中關於文武王部分的記載特別詳細，應該值得信任。

再看到《日本書紀》〈天智天皇紀〉六七〇年九月的項目中記載：「遣阿曇連頰垂於新羅。」這個人首度以「日本國使者」的身分抵達新羅。另一方面，在此之前的六六九年又記載：「遣小錦中河內直鯨等，使於大唐。」《新唐書》與此相對應，記載六七〇年倭國派遣使者來到大唐，祝賀平定高句麗。這是「倭國」最後一次出現在中國的紀錄當中。

從這裡可以看出「倭國」是在六六九年至六七〇年之間改稱「日本」。

為何使用「日本」這個國名

改國名究竟有什麼意義呢？只有在對外的時候才會用到國名，對內不須用到國名。為何使用「日本」這個國名呢？為什麼不能繼續使用「倭國」這個名字？

中國文化當中，改變國名代表的是革命的意思。「革命」代表革新天命。天命從一個王朝轉移到另一個王朝，統治中國的王朝交替。中國在過去並沒有「中國」這個國名，每一個朝代分別使用「漢」、「魏」、「晉」、「隋」、「唐」等不同的名稱。七世紀的倭人當然也認知到這一點。

在這種中國文明的漢字文化圈中發展的倭人們，突然開始使用「日本」這個國名，這是為了主張自己已經不再是倭人而是日本國的日本人，與倭人不同。《日本書紀》本身也表現出了這種主張。書名是《日本書紀》，且歷史時代遠從西元前六六〇年神武天皇即位後開始記述。也就是說，《日本書紀》的官方立場主張，這個日本列島自西元前六六〇年起就是名為「日本國」的國家，歷代的統治者皆以天皇自稱。

然而，這一主張卻違反事實。「日本」這個國號是在西元六七〇年首度出現，無法證明在此之前就已經存在。同時，根據日本的金石文，「天皇」這個王號並沒有這麼古老。看到藥師寺東塔的銘文或是《上宮聖德法王帝說》引用的天壽國繡帳銘文，會以為從推古天皇和聖德太子的時代開始就已經有天皇的稱號。然而，這些銘文從以前開始就被國史學界懷疑是偽作。

真真正正、沒有任何懷疑，「天皇」二字首度是出現在從大阪府南河內郡國分町的松岡山古墳出土的銅板上刻的「船首王後墓誌銘」，上面的日期是六六八年陰曆十二月。其他沒有任何證據顯示天皇的王號在此之前就已經存在。

六六八年的意義

這個六六八年或是六七〇年的年代具有什麼意義呢？

根據《日本書紀》的記載，六六八年是天智天皇於近江大津首都即位的年分。另外還有一件大事，那就是日本制定了最初的成文法典——《近江律令》。《日本書紀》〈天智天皇紀〉當中雖然沒有直接提到制定律令，但在六七一年正月的項目中記載了實施新的冠位與法度，且用小字註明「法度冠位之名、具載於新律令」，這無疑就是《近江律令》。同一個項目當中除了冠位與法度之外，還記載了首度任命太政大臣、左大臣、右大臣、御史大夫等中央政府官職。

另外，前一年六七〇年二月的項目中記載「編造戶籍」，這就是日本最初的戶籍——《庚午年籍》。

這裡有一件非常重大的事。那就是「天皇」的王號與「日本」的國號同時出現，並制定了最初的成文法典並編造全國戶籍，也就是說，這應該就是日本的建國，而天智天皇是創國的君主。

那麼，天智天皇為何要特地開創名為「日本國」的國家呢？理由可以從前

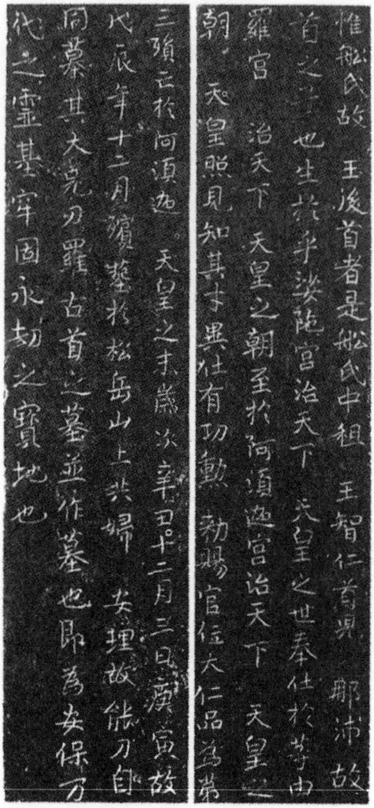

船首王後墓誌銘

在大阪府出土的銅板，上面刻有六六八年的日期。作為年代清楚的金石文，是出現「天皇」王號最古老的例子。

後的國際關係中看出端倪。

六六〇年，唐朝派遣大艦隊，攻擊統治韓半島西南部的百濟王國，並將其消滅。這時，位於韓半島東南部的新羅王國與唐朝聯合作戰。

當時的倭國王是女王齊明天皇，她是天智天皇、天武天皇兄弟的母親。齊明天皇看到百濟被滅，於是擁護來到倭國的百濟王子扶余豐璋，試圖重建百濟王國。翌年的六六一年，齊明天皇帶著兩個兒子，將整個宮廷移到博多，在那裡設置大本營。

然而，齊明天皇不久後就在博多過世。《日本書紀》〈齊明天皇紀〉中記載，由於砍伐朝倉社的樹木興建宮殿，神明因此大怒而毀壞了宮殿的建築物，宮內出現鬼火，天皇身邊有多人病死。天皇死後，朝倉山上出現身穿簑衣的鬼，默默注視著喪禮。從記述中可以看出當時倭人異常的精神狀態。

對於當時倭人而言，韓半島和中國就是全世界，與席捲亞洲大陸的大帝國唐朝為敵當然會變得神經質。

齊明天皇復興百濟未果，死後由皇太子天智天皇繼承遺志，指揮救援百濟。然而，二年後的六六三年，在白村江（現在的錦江）河口，倭人艦隊被唐朝的艦隊擊潰，全軍覆沒。

從此之後倭人被趕出韓半島，只能困在日本列島。

百濟、高句麗相繼滅亡

之後的六六八年，皇太子天智天皇即位。這一年，大唐的軍隊進攻統治滿洲至韓半島北部的高句麗王國，佔領首都平壤，滅了高句麗。然而，唐並沒有佔據百濟和高句麗的故地，立刻就退回了遼河以西。結果，剛好以現在的北緯三十八度線為界，韓半島南部由新羅王國統一，遼河以東、三十八度線以北，成為了真空地帶。

現在可能無法想像，百濟與高句麗的相繼滅亡對於當時的倭人而言是多麼重大的危機。日本一直到最近都常說「成為世界的孤兒、成為世界的孤兒」，而在七世紀，倭人真的如字面上的意義，成為了世界的孤兒。倭人面對著世界級的帝國唐朝和新統一韓半島的新羅，但除了這兩大敵國之外，完全不知道其他的外國。

不僅如此，倭人在此之前並非僅靠日本列島本身的力量過活。倭人需要的技術與人力資源都是從亞洲大陸經由韓半島輸入日本列島。對於倭人而言，與大陸的經濟關係、貿易才是王權的基礎，更是社會的基礎。然而，現在卻無法再依靠大陸。

在此之前的倭國完全偏向西邊，以大阪作為經濟中心，一直到北九州為止都設有港口，屬於海洋國家。然而，由於與亞洲大陸切割，於是開始向東邊的國家發展，方向由西轉東。這一個變化剛好發生在出現「日本」這個國號和「天皇」這個王號的前夕，二者之間必然有其關聯性。

根據我的見解，天智天皇即位的六六八年就是日本的建國之年，也是天皇位開始的年分。

接下來進入正題，說明在此之前的亞洲情勢究竟是怎麼一回事。

❖ 建國以前的亞洲情勢

久違一百一十一年的遣隋使

如果說日本是於七世紀後半建國，那麼在此之前的日本列島的政治情勢又是如何呢？中國《隋書》的〈東夷列傳〉中留下了非常有趣的紀錄。

根據當中的記載，西元五八九年，隋文帝併吞南朝的陳，統一南北分裂將近三百年的中國。十一年後的六〇〇年，位於新羅東南海上的倭國遣使前往隋

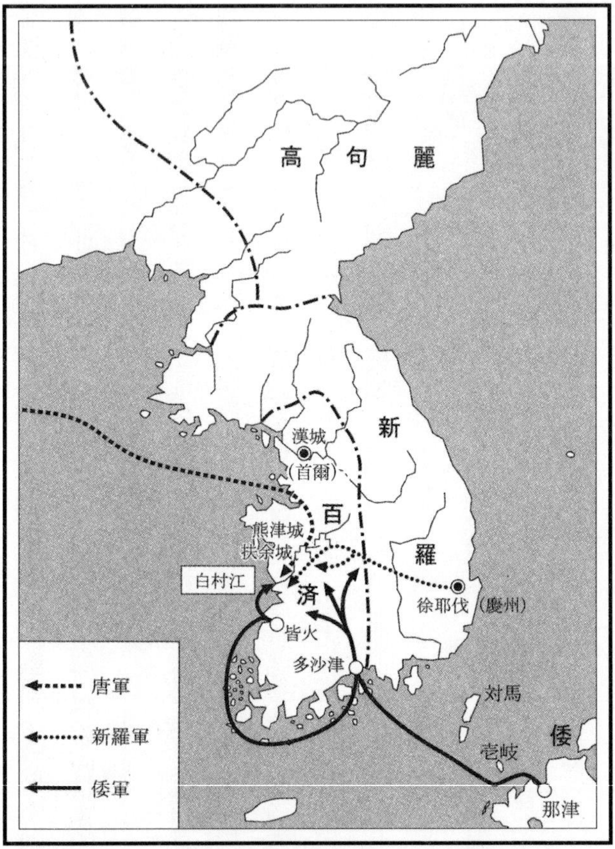

白村江之戰

白村江現在稱作錦江。是百濟最後王都——忠清南道扶余郡——的下游河口，戰役就發生在這裡。

朝的首都大興（現在的西安）。距離上次倭國使者訪問南朝宋皇帝的西元四七八年已經過了一百二十一年，因此倭使來訪是非常稀奇的事件。

負責接待的官員詢問倭王使者關於倭國的情勢，使者的回答如下：倭王姓阿每，字多利思比孤，號阿輩雞彌。王的妻子號雞彌。太子名利歌彌多弗利。倭王以天為兄，以日為弟。王於天未明時便出來聽政，盤腿而坐。日出後停止處理政務，說道：「委我弟。」聽聞此事的隋文帝覺得「此太無義理」，於是訓令改正。

六〇九年答禮使節所見的倭國

隋文帝之後繼位的是煬帝。煬帝在位時的六〇八年，倭王多利思比孤再度派遣使者向隋朝進貢，說道：「聞海西菩薩天子重興佛法，故遣朝拜，兼沙門數十人來學佛法。」同行的僧侶數十人於是留在隋朝學習佛法。這時使者帶來的倭王國書中寫道：「日出處天子致書日沒處天子無恙。」煬帝看到後不悅，對負責的鴻臚卿（外交官）說道：「蠻夷書有無禮者，勿復以聞。」

雖然如此，但翌六〇九年，隋仍派遣裴清（《日本書紀》寫作裴世清）為答禮使節，前往倭國。一行人從山東半島乘船出發，經過韓半島百濟西方海域向南航行，到了竹島之後，南方就可以看到耽羅國（濟州島）。從這裡經由大海中央的都斯麻（對馬）國，向東到達一支（壹岐）國，從這裡再前往竹斯（筑紫）國。這個竹斯國當然就是博多。從這裡繼續往東就會抵達秦王國。令人覺得不可思議的是秦王國的住民「同於華夏」，也就是中國人。裴清懷疑這裡是不是就是傳說中的夷洲之地，但無法確定。

《隋書》記載，從秦王國開始再經過十幾國，就會抵達「海岸」。沒有特別提到是哪一個海岸，但無疑是倭國的海岸。之後記載的「自竹斯以東，皆附庸於倭」就是最好的證據。所謂的「附庸」是春秋時代的古老用語，指的是將外交權委託給大國、戰爭時有提供兵力義務的小國。如果根據《隋書》的說法，那麼壹岐和對馬不在倭國的勢力範圍之內，北九州的筑紫以東也不是倭國，就算附庸於倭國，但仍舊是獨立的國家，所謂的倭國僅是河內、大和等，相當於現在近畿地方的中心部而已。

換句話說，倭國並不是統一整個日本列島的國家。

❖ 無法信任的《日本書紀》

聖德太子實際上並不存在

這裡還有另一個驚人的重大發現。關於之前引用的著名國書，「日出處天子致書日沒處天子無恙」，一直以來作為一般常識，大家都認為這是聖德太子送給隋煬帝的國書。

然而，如果仔細閱讀《隋書》的文字，可以發現並不是這麼一回事。會這麼說是因為倭國遣使訪隋是在六〇八年，隋朝使者裴清是在六〇九年訪問倭國，而送裴清回國的倭國使者是在六一〇年抵達隋朝。根據《日本書紀》的記載，這時在位的是推古天皇，而聖德太子是其攝政。不用說，推古天皇是女王。然而，根據《隋書》的記載，這時期擔任倭國王的是一個名為阿每・多利思比孤・阿輩雞彌的人，從名字看來無疑是一位男王，且裴清還與男王直接對話。裴清誤認當時擔任攝政王的聖德太子為王的假說也不成立。因為《隋書》清楚記載除了王與王妃之外另有太子。因此，送出「日出處天子致書日沒處天子無恙」國書的並非聖德太子，而是名字沒有出現在《日本書紀》中的其他倭王。不論怎麼想都是《隋書》的記載正確，而《日本書紀》則是不可信任的史料。

也就是說，如果坐在倭國王位上的是推古天皇這位女王，隋使者沒有理由不報告。裴清也是讀過〈魏志倭人傳〉後才前往倭國，他在《隋書》中針對倭王首都「邪靡堆」特別註記「則魏志所謂邪馬台者也」，這就是最好的證據。裴清知道有名的邪馬台國女王卑彌呼的故事，如果倭王是女王的話，隋朝沒有理由刻意隱瞞，甚至捏造土語的王號，讓倭王變成男王。如此一來，關於七世紀初日本建國前夕的情勢，《日本書紀》無疑是編造了一個重大謊言。

而且如前所述，當時的日本列島內部尚未統一。倭國以首都邪靡堆為中心，統治的不過是非常有限的一部分地區。從這裡以西有各自獨立的諸國，從《隋書》也可看出，當中甚至包括中國人的國家。

這與《日本書紀》建立的傳統日本史形象相距甚遠，因此大家不斷地找理由，「一定是哪裡搞錯了」、「反正都是中國人隨便亂說」等。然而，就算是捏造也要有捏造的理由，但這裡卻找不出需要捏造的理由。如此一來，只能是《日本書紀》的內容有誤。

一個時代結束的恐懼

說到底，《日本書紀》原本就是天武天皇為了主張自己統一日本國的正當性而著手編纂的史書。

解體在此之前僅支配畿內部分地區的倭國，並統合日本列島上的其他諸國，新創造一個名為「日本」的國家。採用在此之前倭國大王所用的「天皇」這個王號，讓「天皇」成為新國家的元首。為了將這些事情正當化，於是利用《日本書紀》表達「在此之前的日本列島也一直都是個統一的國家，名字叫日本，由名為天皇的王統治」這樣的政治立場。《日本書紀》並非是為了向後世傳承七世紀前日本列島實際的狀況而寫下的書籍。作為日本第一本歷史書籍，《日本書紀》會這麼做也是無可厚非。

基本上無論是哪一個國家，在撰寫第一本歷史書籍的時候，絕對不會寫下真正的事實，而是根據當時的政治情勢，寫下對自己最有利的內容。因此，《日本書紀》並非全然的虛構。就算是謊言也有其根據，並非全部都是捏造。例如，《日本書紀》中記載日本於西元前六六〇年建國，這就是根據東漢學者鄭玄的歷史理論所寫成的內容。

鄭玄注解的書籍也被引用於日本平安朝學者（文章博士）三善宿禰清於九〇一年獻給醍醐天皇的〈革命勘文〉，也就是建議改年號的奏疏，是日本最古老的奏疏。從他的注解中可以看出，鄭玄主張文明以一千三百二十年為一個循環。

將鄭玄的理論運用在《日本書紀》上也非常有趣。從第一代神武天皇即位的西元前六六〇年起算一千三百二十年是西元六六一年，這一年剛好是齊明天皇駕崩的年分，也是百濟滅亡後的翌年。而且這一年相當於六十干支中的辛酉年。根據鄭玄的理論，辛酉年是「革命」之年，也就是改變天命的年分。相對於此，辛酉三年後的甲子年是「革令」之年，也就是改變制度的年分。這個甲子年是六六四年，相當於白村江敗戰後翌年。這些到底代表什麼意義？

「歷史」是在確實感受到一個時代結束、新時代開始的時候才會撰寫的東西。我們寫日記也是在一整天結束後的夜晚，快要入睡前才會提筆。不會有人在白天正在工作的時候突然提筆寫日記。

《日本書紀》將建國寫作西元前六六〇年本身就暗示了對於倭人而言，六六一年是一個時代的結束，從此開始是新的時代，有一種既恐懼又興奮的心情。

❖ 過去是中國史一部分的日本列島

中國史從秦始皇開始

那麼，在六六一年發生巨大變動之前的日本列島擁有什麼樣的歷史呢？簡單來說就是中國史的一部分。

更嚴格地說，在六世紀末的五八九年隋朝統一南北朝之前，亞洲史就是中國史。這並不代表名為中國的國家統治整個亞洲，而是代表亞洲主要的歷史事件都是發生在今日被稱為中國的這一個地方。就像這樣，中國史就是亞洲史的時代從西元前二二一年，秦始皇統一中國的時候開始。

秦始皇統一的意義簡單來說就是完成了以陝西省咸陽為中心的商業城市網。中國並非是單一人種、單一語言、單一國土的國家。我們非常習慣於近代國家的觀念，因此一說到國家，想到的都是當中居住著單一人種、說著單一語言、有一個用明確國界圍起來的國土。然而，就算是西洋史，這種意義下的國家一直到最近，也就是十八世紀末法國大革命之前，都不存在。

法國大革命在世界的歷史上具有劃時代的意義，產生了「國民國家」（Nation-State）的觀念。自此以來，法國人的居住地才成為法國。

在此之前，英國國王住在波爾多、德國神聖羅馬皇帝的領地在義大利等，這些都不是什麼不可思議的事。君主的領地並非國家的領地而是個人財產，根據遺產繼承而會發生變動，有可能從父方或母方繼承，也有可能是妻子帶來的嫁妝，這些全部混在一起，像馬賽克一樣，領地可能四散各地，既沒有國境，也不具有名為國家的型態。法國革命改變了這個規則，這一點東亞也相同。

中國的組織是個巨大的綜合貿易公司

從秦始皇開始的中國組織，如果用現在的話來說，那就是一個大規模的綜合貿易公司，總公司位於首都，而皇帝是社長。分公司從首都向東方和南方延伸，沿著內陸水路分布。選擇交通便利的地方，建設相當於分公司的城市。四周築起城牆，四面各造一座堅固的城門。

這樣的城郭都市被稱為「縣」，是軍隊的駐紮地，同時也是市場。住在城牆內的人是有戶籍登錄的軍人、官吏、商人、手工業者，他們是「民」，也就是中國人。

相對於此，住在城牆外的人接受非中國人的待遇，被稱作是「蠻、夷、戎、狄」。也就是說中國人與非中國人的區別並非人種上的差異，而是有沒有在城市登錄戶籍。

像這樣的城郭城市網沿著內陸的水路延伸，起點秦的咸陽、西漢與唐的長安（西安）是陝西省渭河的溪谷。在這裡，土地的農業生產力較高，聚集了較多的定居人口而成為了首都，但中國真正的中心是河南省的洛陽。

從洛陽向東，黃河下游的三角洲地帶廣大，但黃河是一條一發不可收拾的河川。看到現在的中國地圖，山西省台地的東緣是太行山脈，沿著山腳有鐵路通行。至於為什麼不通過更東邊一點的平地呢？那是因為那附近的人口稀少，水的鹽分含量高，土壤貧瘠，而且黃河經常氾濫。黃河土砂的沉澱非常快速，到了漲水期時堤防容易潰堤。如果重複進行築堤工程，則河床很容易就會高過地面十公尺或二十公尺，形成天井河。如果堤防潰堤，則北從北京，南至徐州，都會成為一片泥海，相連到天邊。根本不可能有人住在這樣的低地，自古以來的聚落都是在太行山脈下。

南船

黃河沿岸最容易渡河的地方就是在洛陽附近。從洛陽向南，沿著漢江往下，就可以在武漢出長江（揚子江）。從武漢進入洞庭湖，往南沿湖南省的湘江，則可以進入廣西壯族自治區，從灕江往下進入西江，就可以出廣東省的廣州。從這裡再往前就是南支那海。出海之後沿印度支那半島南下，跨越暹羅灣抵達馬來半島。從這裡通過克拉地峽或繞麻六甲海峽就可以出印度洋。從南印度海岸的港口，開闢了經由波斯灣或紅海與地中海世界聯絡的航路。這就是中文「南船北馬」中的「南船」，而洛陽正是這些水上交通網路的起點。

北馬

那麼，從洛陽往北京方面的「北馬」又如何呢？從洛陽往北渡黃河，沿著太行山脈東麓繞黃河三角洲邊緣，就可以抵達北京。

從北京向西北上蒙古高原就是經中亞連接地中海世界的「絲綢之路」與「草原之路」的起點。從北京向東北，只要越過一座山就是大凌河。沿大凌河向東而下，就可以出遼河三角洲的西端。從這裡向北迂迴，在瀋陽東渡遼河，從南方的遼陽南下，就可以抵達大同江畔的平壤。到這裡為止是陸路。

從平壤開始可以利用韓半島內陸的水路。從平壤沿大同江往下，在出黃海之前進入名為載寧江的支流向南，在瑞興扛著船跨越滅惡山脈，在另一側的禮成江再度乘船往下，就可以出江華島。從這裡往西就會出黃海，因此轉向東進入漢江。漢江的北岸是首爾，南岸則是百濟最初的王都廣州。繼續沿漢江向南，在最頂端會來到忠州的城鎮。從忠州跨越小白山脈的鳥嶺，南側就是洛東江。從洛東江南下，西岸分別可以看到後世稱作「任那」、「六伽倻」、「駕洛」等諸國，而在河口地方則是金海的城鎮。

這個金海就是〈魏志倭人傳〉中有名的狗邪韓國或是弁辰狗邪國，又名金官駕洛國。洛東江在金海流入大海，而在這裡逐漸發展起來的就是現在的釜山市。到了釜山，如果天氣好，則可以看見對馬。稍微往西，沿固城的海岸向下，從這裡乘船順著海流就可以抵達對馬。

從對馬經由壹岐抵達九州的北岸，再從這裡進入瀨戶內海就可以抵達大阪灣。只要到了大阪，接下來可以沿大和川抵達奈良盆地，或是沿淀川出琵琶湖。從琵琶湖既可以前往北陸的海岸，也可以通過伊勢灣。

就像這樣，從平壤開始利用的幾乎都是內陸的河川或內海，只要有一艘平底的川舟就足夠了，不需要特別的外海航海技術。這對於習慣內陸水路交通的中國人而言是一大優勢。

魅力十足的日本列島市場

另外還有一個重大的事情。韓半島的人口比日本列島少很多，一直到現在都是如此。日本列島的人口一直以來都是韓半島的三倍至四倍。實際前往就可以發現，韓國的平地雖然比都是山的北朝鮮多，但還是比日本少，人能夠居住的範圍非常有限。就算是慶州盆地，比起奈良盆地，規模要小很多。想必以前的人口也不多。

另一方面，根據森浩一的估計，日本的古墳約有十五萬座。一般而言，日本的古墳時代是從四世紀至七世紀為止的約三百年。如此算來，每年至少必須建築五百座古墳。要不就是日本非常富饒，要不就是有很多人手，又或是兩者皆是。

如此看來，日本列島從古時候開始就是一個人口眾多、物產豐富的地方。中國的皇帝制度主要是經營以商業城市網為基礎的貿易，對於這樣的中國而言，日本列島無疑是一個充滿魅力的市場。控制這個市場，將中國的商品賣到日本列島，或是買取日本列島的物產。日本列島的主要物產應該就是砂金。在後世馬可·波羅的《東方見聞錄》中也以「黃金之國日本」聞名，是世界數一數二的產金國。金被開採一空之後成為產銀國，銀被開採一空之後又成為產銅國。到了江戶時代，銅也被開採一空，不得已才開始養蠶，成為蠶絲線的輸出國。

想要控制這個充滿魅力的日本列島市場，中國其實不費吹灰之力。只要將前進基地設在韓半島的平壤即可。由於當時橫渡東海的技術還不發達，只要能夠控制平壤，就可以控制經由瀨戶內海抵達日本列島中心部的路線。

根據《史記》〈朝鮮列傳〉的記載，西元前三世紀初，位於北京的燕王國統治了真番和朝鮮。真番是洛東江溪谷的住民，辰韓、弁辰諸國就是從這裡興起。辰韓成為了新羅，弁辰則成為了任那。至於朝鮮，則是從大同江至漢江一帶溪谷的住民。

《史記》提到，燕王國在真番和朝鮮駐軍，設置官吏，收取通行稅。這也代表了燕王國控制了通往日本列島的貿易路線。這個狀態一直到西元前二二一年燕王國滅亡、秦始皇統一中國之後也一直持續。

之後，西漢取代秦朝，但由於秦末的戰亂使得中國國力低下，西漢沒有能力直接控制從韓半島通往日本列島的貿易路線。因此，西漢承認平壤最具權勢的衛滿為朝鮮王，與他締結特別約定，以西漢供給衛滿武器為交換，保障貿易的安全。然而這只是暫時的措施，到了西元前一〇八年，西漢武帝滅掉了衛滿的孫子衛右渠，收回了韓半島的利權，並在大同江畔的平壤設置樂浪郡。另外又在樂浪郡的南方設置真番郡，從里程判斷，真番郡的位置應該就在現在的釜山附近。

據傳，真番郡共有十五個縣。「縣」是四面用城牆圍起來的城市，也就是說在洛東江流域這一個相對比較狹小的地方建設了多達十五個縣。移住的軍人和商人，保守估計也有超過萬人。

這麼多的中國人一次被送到韓半島的南端。中國這種經營郡、縣的方式，一直到後世都沒有改變。僅靠中央政府的預算不夠支出，必須從當地找出財源。也就是說，真番郡要用與日本列島進行貿易所獲得的利益維生。然而，實際上真番郡一直都是赤字，怎麼都無法轉虧為盈。經過武帝長達五十四年在位時間後，真番郡終於在武帝死後的西元前八二年遭到廢除。同時，漢的前線後退到小白山脈北側，樂浪郡成為了最前線。

❖ 中國商人的貿易方式

華僑的出現

在真番郡設置的西元前一〇八年至前八二年之間的二十六年，超過一萬的中國人被送到這裡。他們為了提高利潤，於是利用貿易船前往對岸人口眾多、尚未開發的日本列島進行買賣。在過去平均壽命較短的年代，二十六年相當於是父子二代的時間。住在日本列島海岸邊或河岸港口附近的倭人，也因此有機會接觸中國商人每年帶來的各種商品。

當時貿易的樣子可以從後世中國商人進出東南亞市場時的做法推知一二。航行而來的中國商人就算抵達目的地，一開始也因為對於當地原住民有所警戒而不肯上陸，而是由原住民划著小船靠近。他們登上甲板，挑選船上堆積如山的各式商品。為了避免發生混亂，於是會從原住民當中選出一個聰明伶俐且多少會說一點中文的人當保證人，在信用的基礎下將商品借給原住民。由於當時的日本列島並沒有貨幣經濟，因此不是用錢交易而是以物易物。原住民們扛著貨品下船，再划著小船回到岸上。上岸後繼續揹著貨品分給山中的村落，再收集各地的物產以物易物，最後再回到中國商船停靠的地方，而中國商人就在船上等待。原住民將地方物產交給商人，經過討價還價後交易終於成立，中國商人出航踏上歸途。

就像這樣，一開始中國商人都是在自己的船上等待。如果以物易物的範圍僅限於靠岸地附近的話就沒有什麼問題，但交易如果深入內地，則用來當作交換的商品最起碼也要等上幾個月到半年才會回來。考慮到航行的風向等，有時候甚至必須在這裡過年。如此一來，中國商人也開始下船來到陸上，一開始是住在原住民酋長的家。慢慢的，為了排解寂寞，有商人娶原住民之女成立家庭。他們在中國也另有妻子，往返於兩個家庭之間，兩邊也都有孩子。

這就是華僑的出現。

糧食產量上升進而定居

中國人固定前來交易還帶來了另一個影響。中國人非常會吃。根據十六世紀來到菲律賓馬尼拉的西班牙人向國王的報告內容顯示，中國人一個人的食量比菲律賓五個人還多，而且不管價錢，都要吃好的東西。

西元前二世紀來到日本列島的中國人想必也相同。在此之前，原住民對於簡單的食物就已經很滿足，但中國人來了之後，糧食的需求量一下子大增，只要做得出來就可以賣得掉。糧食的生產量暴增，糧食的供給也變得豐富，人們都聚集在港口，出現了定居人口。根據日本考古學的研究，古時候居住地的遺址幾乎都集中在山丘或山腰的高地，但從這個時候開始，人們逐漸遷往河口低地。《日本書紀》中，仁德天皇位於難波的高津宮，就在現在大阪城的附近，在這種地方就會形成中國城。

古時候的人為什麼不住在海岸或河口呢？寄生蟲疾病是主要的原因。大阪直到明治時期為止都經常出現瘧疾，這是一種非常可怕的疾病，古時候很多人都是死於這個疾病。因此，人們不住在海岸低濕地的原因並非〈魏志倭人傳〉

所寫的「倭國大亂」。然而，有了貿易活動之後，人們開始聚集海岸，形成聚落。真番郡後來因為連年的赤字而於西元前八二年遭到廢除，但對於原住民而言卻不是這麼簡單就可以了事。

他們已經習慣了中國貿易帶來的奢侈。另外，對於中國而言，樂浪郡為了養活合併的各縣，日本列島的貿易還是不可或缺。韓半島出土了許多樂浪郡時代的黃金製品，但同時代漢朝的殖民地越南東山文化中卻幾乎沒有任何黃金製品。其中的差別應該來自於日本列島出產的黃金。樂浪郡的財富在漢朝的文獻當中也是赫赫有名。

西元前二〇年的倭人諸國

在這樣的背景之下，這次換作日本列島原住民的酋長們自己乘船橫跨韓半島，經過內陸水路，來到樂浪郡進行貿易。這就是〈漢書地理志〉中的「樂浪海中有倭人，分為百餘國，以歲時來獻見云」，這是西元前二〇年的狀況。

這裡的百餘「國」當然不是國家。漢字的「國」本來的意思是用城牆圍起來的城市，所謂的「中國」，指的是中央城市，也就是首都城牆的內側。日本列島原本就是比中國和平的地方，因此就算是「國」也沒有城牆，而〈魏志倭人傳〉中也沒有提到倭人城市的城牆。也就是說，以港口或船隻停靠地為中心發展出中國城，而倭人諸國就是圍繞中國城形成的聚落，而當中有一位倭人的酋長。就這樣，倭人諸國就是在中國商業網的最末端逐漸發展。

❖ 中國的戰亂與倭國

王莽之亂與漢委奴國王

然而，不久之後進入西漢末期，發生了王莽之亂。

王莽是西漢帝室的外戚，也是篡奪皇帝之位的人。他信奉儒教思想，強制執行理想主義的政治改革。但改革過於激烈，使得中國陷入混亂，內戰持續長達二十五年，結果使得中國的人口銳減。根據西元二年、王莽篡漢之前的人口統計顯示，人口為五千九百五十九萬四千九百七十八（約六千萬）人。經過二十五年的王莽之亂後，等到東漢光武帝重新統一中國的時候，人口僅剩下五分之一的一千數百萬人。

因此，想要維持與西漢同樣規模的經營非常困難，光武帝廢除了許多的郡和縣，加以合併，邊境的狀況尤其悲慘。為了解決這一個問題，所以西元五七年才會出現有名的「漢委奴國王」金印。

現在已經無法像西漢時期一樣，樂浪郡的艦隊無法保障中國商人的貿易安全。因此只能像過去的朝鮮王衛滿一樣，委託奴國（博多）的倭人酋長，讓他保護中國商人並解決紛爭。作為交換，倭人在與中國交涉的時候，一定要透過這個奴國的倭王。倭王就好像是中國的名譽總領事，擁有核發簽證的權力。

這才是倭王的起源，而並非是有一個名為倭國的國家，裡面有一個王。中國設立了倭王這一個職位，承認他的貿易獨佔權。

如此一來，對於倭人諸國而言，如果不透過倭王，則樂浪郡不予以受理，更不可能進行貿易。而倭王則可以從諸國貿易利潤中收取手續費。就像這樣，與中國皇帝締結特約關係的倭王，其實力逐漸深入日本列島。就算如此，依舊稱不上是國家的體制。

黃巾之亂與卑彌呼

到了西元一八四年，中國發生了比王莽之亂規模更大的變動，那就是黃巾之亂。

黃巾之亂是由宗教祕密結社發起的全國性大叛亂。原因是東漢經濟急速成長，人口集中在城市。下層階級的不滿最容易在經濟急速成長的時候爆發。「再也不想忍受這種貧富不均」，於是發動革命，希望創造擁有新正義的社會。這個叛亂本身很快就被東漢的國軍鎮壓，革命以失敗收場。然而，之後國軍的將軍們之間開始爭奪勢力，讓中國陷入四分五裂的狀態。

人口又再度銳減。動亂發生前的西元一五七年，人口是五千六百四十八萬六千八百五十六（約五千六百萬）人，到了動亂後的二三〇年代（三國時代），人口只剩十分之一不到的五百萬人。戰亂導致耕作中斷，農田荒廢，糧食不足導致大量人口餓死。人口一次降低到某一個程度，想要恢復就很困難。中國也是一樣，在人口極少的情況之下，迎來了五八九年的隋統一南北朝。

就這樣，以一八四年的黃巾之亂為界，中國的經濟崩壞，人口銳減，華北的平原地區幾乎成了無人地帶。魏的曹操為了填補這塊空白，強行讓北方邊境的遊牧民族和狩獵民族移居華北。結果，華北變成了非中國人地帶，經過三〇四年開始的五胡十六國之亂和之後鮮卑人的北朝時代，隋、唐時代的中國人已經不是秦、漢時代中國人的子孫，而是從北方移居過來的遊牧民族和狩獵民族的子孫。因此，現代的中國人其實非原本中國人的子孫。

黃巾之亂造成中國崩壞的結果，靠著中國皇帝庇護的博多倭王沒落，取而代之的是邪馬台國的女王卑彌呼，被倭人諸國推舉為代表。這時的韓半島在以遼陽為大本營的公孫氏軍閥的勢力範圍之下，因此，日本列島的卑彌呼想必與公孫氏也維持了一定的關係。二三八年，魏將軍司馬懿滅公孫氏，平定遼河三角洲和韓半島，卑彌呼於是改與司馬懿締結關係，翌年獲得「親魏倭人」的稱號。之後，司馬懿在二四九年的政變後掌握魏朝的實權。司馬懿的兒子們繼承父業，終於在二六五年，司馬懿的孫子司馬炎（晉武帝）廢掉了魏朝最後一個皇帝後稱帝，開創晉朝。在這一段時間裡，邪馬台國的女王一直與司馬氏保持特殊的關係進而得利，但到了三〇〇年，發生了趙王倫之亂和八王之亂，晉朝分裂，中國再度崩壞。好不容易恢復到一千八百萬的人口又再度銳減。由於這些變動，邪馬台國的女王也跟著沒落。

河內王朝與倭五王

邪馬台國沒落後的四世紀，改以畿內的難波為中心，出現了所謂的河內王朝，而仁德天皇是第一任倭王。這就是《宋書》中所寫的「倭五王」。

這個河內王朝由於沒有中國皇帝當靠山，於是與韓半島的百濟王聯手。當時的韓半島，由於北方高句麗王國的勢力南下，百濟王為了與之抗衡，戰略上有必要確保位置在其背後的日本列島，因而承認倭王。

就這樣，河內王朝的倭王以百濟為中繼站，與位於華中南京的南朝進行貿易。當時的華北因戰亂而處於不安定的狀態，華中的南朝相對比較穩定。然而，五八九年，北朝鮮卑族的隋兼併南朝的陳，中國再度統一。這時，中國的經濟重心從華北移到了華中的揚州。隋朝趁著一統中國的氣勢想要收回東北亞，不斷攻擊高句麗，但還沒有成功就被推翻。隋朝之後的唐朝於六六〇年滅百濟、六六八年平定高句麗，這些在之前已有詳細的介紹。

韓半島與日本列島的人口結構

六六八年天智天皇建立日本之前的七世紀前半，韓半島的人口結構如何呢？根據六三六年唐朝編纂的《唐書》〈東夷列傳〉記載，百濟的國人混合新羅人、高句麗人、倭人，另外也有中國人。新羅的國人也是混合了中國人、高句麗人、百濟人。這一段記述當中最值得注目的是百濟有倭人，而新羅卻沒有倭人。我認為這是因為倭國經由百濟與南朝連接，而新羅並不在這一個貿易路線之上。

那麼，日本列島又是如何呢？這裡希望大家想起同樣是《隋書》中記載的六〇九年，隋使裴清經過秦王國的事情。博多的竹斯國之後是秦王國，而且還要再經過十餘國才會抵達倭國難波的津。如此看來，秦王國的位置應該是在瀨戶內海西部沿岸的下關附近。在這裡有一個都是中國人、名為秦王國的城市，這一點無庸置疑。由此可以看出，日本列島的人口結構也與韓半島類似，混合了倭人和倭人以外的種族。

八一五年編纂的《新撰姓氏錄》也記載，畿內的攝津、河內、大和、山城等諸國有上千個氏族，其中大部分都是「諸蕃」，也就是非倭人，而這些諸國是過去倭國的中心地帶。直到九世紀的平安朝初期也一直是如此，更何況是更古早的七世紀。因此，日本建國以前的日本列島人口，無疑是混合了許多種族。

日本列島處於這種狀況的六六〇年代，在此之前與倭國友好的百濟被滅，敵對的新羅統一韓半島南部，這時的天智天皇或是天武天皇又是如何呢？由於韓半島的人口結構與日本列島相似，而且日本列島並沒有政治上的統一。倭人諸國當中以倭國最大，但倭國大王能夠直接支配的地方也不過是河內、大和、山城、播磨、近江等地，與其他的諸國維持「附庸」這種約束力弱的同盟關係。

日本列島的倭人們就在這種弱勢的狀態下面對唐朝這個世界帝國，以及與之同盟、統一韓半島南部的新羅。對於居住在日本列島的百濟人、新羅人、高句麗人、中國人而言的故鄉，對於倭人而言都是敵對之地。只要唐朝和新羅有意願，很容易就可以壓制日本列島。

為了對抗這樣的危機，倭人採取的措施就是將至今為止的倭國和其他諸國解體後再整合，也就是日本建國。如此一來，倭人和其他包括中國人在內的多種族才能成為總稱日本人的同一個國民。我認為，這才是真正的建國。

第六章

中國眼中的遣唐使

奮鬥的遣唐使

說到遣唐使，大家有什麼印象呢？大家腦海裡浮現的景象是否都是身著衣冠束帶的貴人們為求得稀世珍寶，搭著小船乘風破浪，冒著生命危險，來到西方大陸耀眼的世界帝國——大唐的首都長安。

的確，遣唐使末期，也就是八世紀至九世紀時的遣唐使的確是以輸入新的文化為主要目的，然而，七世紀初期的遣唐使，他們的目的卻不都是如此和平。當時的亞洲大陸發生了大規模的變動，日本的祖先們在遭受國際情勢變化衝擊的同時努力奮鬥，遣唐使也是奮鬥的表現之一。接下來將探討中國眼中的遣唐使。

與東亞最大強國的關係

遣唐使最早是在西元六三一年出現在中國的紀錄當中。紀錄顯示，這一年，「倭國」使者帶著「方物」，也就是當地的物產造訪唐朝的首都長安，謁見太宗皇帝。重點在於六三一這一個年分。

中國大陸自四世紀以來，漢民族的人口銳減，華北由北方入侵的騎馬民族建立政權，而華中的政權則在生存下來的漢民族手裡，國家一分為二的狀況持續了將近三百年。到了六世紀末，屬於華北遊牧民族的隋，成功兼併華南的陳，中國再度統一。

六〇〇年，倭王阿每．多利思比孤．阿輩雞彌派遣的使者前往隋的朝廷進行表敬訪問，六〇八年同一個倭王又再度派遣使者訪問，翌年，隋朝皇帝派遣使者裴世清前往倭國進行答禮訪問。

根據使者的見聞，當時的日本還不是個統一的國家，屬於許多小國的聯盟，倭國王以邪靡堆為首都，被稱作倭國的範圍僅限首都周邊一帶，且諸國當中，有一個全部都是中國人的國家。翌年，阿每．多利思比孤．阿輩雞彌王的使者送裴世清回國，第三度訪問隋朝。

然而，根據日本最古老的歷史書籍《日本書紀》（《古事記》是九世紀編纂而成的偽書）的記載，阿每．多利思比孤．阿輩雞彌擔任倭國王的時代有一個名為推古天皇的女帝，且她的姪兒聖德太子擔任攝政。

從這裡也可以看出，關於這一個時代，《日本書紀》的內容不值得信賴。之後沒多久，倭國的王室血統絕後，由名為舒明天皇的人擔任王位。

這一點應該是真的，之前所說的六三一年第一次遣唐使，正好是發生在倭國出現新王室之後，想必是為了在外交上得到中國皇帝的承認，進而壓制日本列島內部諸國。

大唐帝國的成立

《日本書紀》當中僅簡單記載六三〇年秋天，遣犬上君三田耜前往大唐。另一方面，這個時期對於唐朝來說也是意義重大的時期——大唐在這時對突厥帝國取得勝利。

隋朝好不容易重新統一中國，但卻因為大規模討伐東北亞強國高句麗王國失利而造成內部動盪，最終倒台，由與隋同屬遊牧民族的唐重新統一。

然而，在此同時，蒙古高原上由土耳其人祖先所建立的突厥帝國逐漸強大，雖然是唐的皇帝，但在突厥人面前總是抬不起頭。這與唐朝建國時曾受到突厥的援助也有關係。唐太宗於六三〇年春天，遣大軍進攻蒙古高原，滅了突厥帝國，唐朝就此取代突厥，成為了亞洲最大的強國。

北亞遊牧部族的代表們聚集，選出唐太宗為自己的君主，贈予「天可汗」的稱號。就這樣，太宗皇帝成為了廣大東亞地區大多數民族的共同君主，勢力範圍北從西伯利亞開始，南至南海。

從倭國王舒明天皇同樣是在六三〇年派遣犬上君三田耜前往大唐這點可以看出，這個改變國際關係的重要消息，應該很快就已經傳到了日本。

何謂「朝貢」？

外國使者帶著方物向中國皇帝進行表敬訪問稱作「朝貢」。「朝」是出席朝廷的早朝，「貢」則是帶著禮物前往。

外國使者來到中國之後，負責的官員首先會詢問使者，確認他的確是該國國王派來的使者之後登記，決定謁見皇帝的日子。謁見指的是在早朝的時候面見皇帝。每個月都有固定早朝的日子。古時候的早朝應該是滿月的清晨之時。到了上朝的日子，在周遭還一片漆黑的凌晨四點左右，文武百官穿上正式的服裝進宮，在正殿前整齊排列。這個舉行早朝的庭院，就是所謂的「朝廷」。文武百官站立的位置，根據官階都有嚴格規定。站立的地方稱作「位」，正如字形所示，「位」原本的意思就是「人」所「立」之處。

由於時間很早，冬天非常冷，百官們一邊發抖一邊等待。另一方面，皇帝也必須在夜半起來，淨身拜神。拂曉時皇帝出正殿，坐在殿上的玉座。宰相率文武百官下跪，向皇帝朝拜，再由宰相代表向皇帝問安。這就是「朝賀」。皇帝接受朝拜後將祭神的肉品分給百官。早朝結束之後，太陽剛好升起。

早朝必須很早就起床，且必須在朝廷的石板上等待很長的時間，不僅是嚴寒時，就算是風雨交加的日子也必須上朝，其實是一件苦差事。倭國使者犬上君三田耜也出席這樣的早朝，讓皇帝過目前一晚就已經搬到朝廷且排放整齊的方物，並呈上倭國王的信。這就是「朝貢」。

朝貢並非表明臣屬關係。在日本的東洋史學界不知道為何，將朝貢定義為「亞洲諸國或是諸部族對於中國形式上的服屬關係」，而且視為「實質上屬於特殊型態的外國貿易」，將其稱為「朝貢貿易」。然而，這卻是天大的誤解。朝貢不可能是貿易。朝貢不過是為了表示友好，帶著適當的禮物前往中國與皇帝會面，完全沒有表明臣服於中國皇帝的意思。相反的，主要是為了表明自己是獨立的友好勢力而進行的手續。事實上，進行朝貢的不限於外國的君主或部族長，中國國內的地方長官謁見皇帝，同樣稱作「朝貢」。這個基本的事實不但沒有讓一般人知道，就連專家們自己的認知也不足，對於日本歷史教育的缺乏，我感到非常汗顏。

就像這樣，朝貢是為了表明友好之意，六三〇第一次的遣唐使於翌年正月的時候完成使命，正式謁見唐太宗。這時，唐太宗帶著來訪長安的外國君主與使者前往西南郊外昆明池的溼地，進行大規模的圍場狩獵。

圍場狩獵是一種軍事演習，數萬士兵成為獵人，四周圍成一個數十里的大圓陣，花上幾天的時間逐漸縮小圓陣，最後鎖定一個地方，受驚的野獸們像是熱鍋上的螞蟻四處亂竄，皇帝帶著下面的人前進，從馬上射下獵物。

倭國和新羅的使者也被允許參加狩獵。當然，這是為了展現大唐皇帝的威嚴。

遙遠的倭國和新羅為了盡早向新成為亞洲最強國的大唐表示友好而遣使，但距離中國較近的高句麗和百濟因感受到大唐的威脅，表現出警戒的態度。

結果，大唐於六四五年，由唐太宗親自指揮，從陸上進攻高句麗卻失敗。繼承太宗的高宗皇帝也於六五五年遠征高句麗，但依舊失敗。

因與世界帝國為敵而孤立

另一方面，倭國自第一次遣唐使之後，有超過二十年的時間沒有派遣使者至中國。到了六五三年，終於第二次派遣唐使，在他還沒有回國的時候，又於六五四年第三次派遣唐使至中國。

如此著急遣使無疑是因為知道大唐即將攻打高句麗，為了自己國家的安全而採取的對策。中國並沒有第二次遣唐使的紀錄，但關於第三次遣唐使，記錄了使者於該年末謁見唐高宗，獻上斗大的琥珀和五公升容器大小的瑪瑙。

之後的六五七年，唐軍消滅了中亞的西突厥帝國，陸續將絲綢之路收歸管轄，剩下的獨立國只有高句麗和百濟。當兩國積極準備對唐的戰爭時，倭國急忙於六五九年派遣第四次遣唐使。

這時，二艘船當中的一艘船遇難漂流到南海的島嶼，遭到島人殺害，另一艘船則安全抵達。一行人於同年冬天於洛陽謁見唐高宗，獻上帶來的蝦夷男女二人，在冬至的早朝上也備受禮遇。

然而之後，「明年東方即將有軍事行動，不能讓你們這些倭國的使者回國」，以此為理由一行人被帶到長安囚禁了一年。期間的六六〇年，唐軍渡海從韓半島的南部上陸，與新羅軍聯手滅了百濟王國。

對此備感威脅的倭國改變方針，轉而支持百濟復興，六六三年的白村江之戰後，救援的倭軍被唐軍擊敗，全軍覆沒。倭國這次的行動讓世界帝國大唐成為了自己的敵人，完全孤立於海上。

日本國的誕生

當時倭國的中心人物天智天皇，面對這個緊急事態所採取的手段是解散由倭國和諸國組成的舊聯盟組織，重新創建一個覆蓋整個日本列島的統一國家，六六八年於大津即位，採用「天皇」的王號。而唐軍在同一年，滅了高句麗王國。

天智天皇看到這個國際情勢，於是派遣唐使至中國。一行人於翌年謁見高宗皇帝，祝賀大唐征服高句麗。這是倭國最後的遣唐使。

同六七〇年末，來到新羅王國的使者告知國號改為日本國。這就是新的統一國家——日本的誕生。然而，三十多年後的七〇二年，以「日本國」之名派出的遣唐使才首度前往長安。

就這樣，七世紀初期的遣唐使歷史是日本的祖先為了不被巨大的唐帝國吞噬，且為了維持獨立而拚死做出的努力。

遣唐使為了吸收中國高度的文化而成為和平使者是進入八世紀以後的事了。

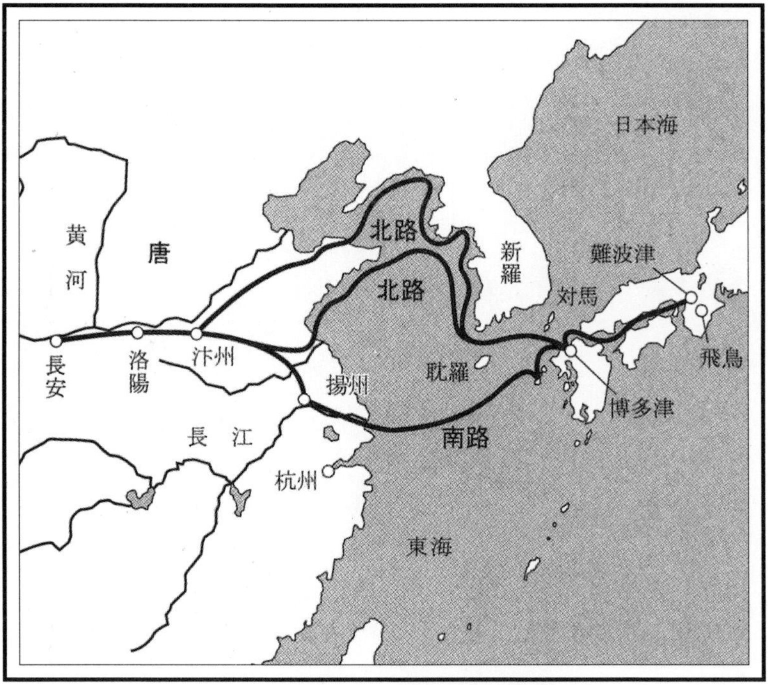

日唐交通路線（遣唐使的路線）

第七章

〈魏志東夷傳〉的世界

❖ 三世紀的東北亞世界

晉朝陳壽的著作《三國志》第一部〈魏書〉第三十卷是〈烏丸、鮮卑、東夷傳〉。其內容分為前半部的〈烏丸、鮮卑傳〉和後半部的〈東夷傳〉，各有一篇序文。

「烏丸」和「鮮卑」是分布於大興安嶺山脈東斜面至蒙古高原一帶的遊牧民族。

至於〈東夷傳〉，內容主要針對「夫余」、「高句麗」、「東沃沮」、「挹婁」、「濊」、「韓」、「倭人」的七個種族。他們是從滿洲到韓半島、日本列島一帶的住民。〈東夷傳〉的後半部是這裡所說的〈魏志東夷傳〉，而最後「倭人」的項目就是所謂的〈魏志倭人傳〉。

下面介紹〈魏志倭人傳〉如何描繪三世紀的東北亞世界。

關於居住在韓半島的種族，最早出現在中國紀錄當中的是「朝鮮」、「真番」、「臨屯」三族。由於是出現在《史記》當中，因此是屬於西元前二世紀後半至西元前一世紀初、司馬遷時代的知識。這應該是西漢武帝於西元前一〇八年征服朝鮮王國之後得到的情報。朝鮮是分布在現在大同江溪谷至漢江溪谷一帶的住民，真番是洛東江溪谷的住民，而臨屯則是東岸日本海沿岸的住民。

到了一世紀末班固的《漢書》，卻又多出了「濊」或是「穢貊」，以及「辰國」。這是因為現在存留的《史記》當中，司馬遷記載武帝治世的〈今上本紀〉早已失傳，而《漢書》收錄的是〈封禪書〉的一部分選摘。《漢書》〈武帝紀〉中相當於西元前一二八年的元朔元年秋天，記載：「東夷濊君南閭等口二十八萬人降，為蒼海郡。」

相同的事件在《史記》〈平準書〉中記載：「彭吳賈滅（？）朝鮮，置滄海之郡。」然而，與〈平準書〉的內容幾乎一模一樣的《漢書》〈食貨志〉中卻又記載：「彭吳穿穢貊、朝鮮，置滄海郡。」兩者相比，應該是《漢書》的用字正確。《史記》中的「賈」應是「穿」的誤記，而「滅」則是「濊」的誤記。濊與穢貊屬於同一種族，是分布在滿洲東部至韓半島一帶山地的住民。「滄海郡」也就是「蒼海郡」。

另外，《史記》〈朝鮮列傳〉中關於被武帝討伐的朝鮮王衛右渠，當中記載：

「真番旁眾國欲上書見天子，又擁閼不通。」

也就是說，朝鮮王雖然上書希望面見中國皇帝，但書信卻受到妨害而無法送達。相同的事情，《漢書》〈朝鮮列傳〉當中記載的不是「真番旁眾國」，而是「真番、辰國」。「辰國」在這裡出現。「辰國」與後來〈魏志東夷傳〉中的「辰韓」、「弁辰」應該有所關聯，而且辰韓、弁辰的住地正好就是真番的舊地。關於這些文字上的差異，究竟《史記》的「眾國」和《漢書》的「辰國」哪一個才正確，在這裡討論也沒有太大的意義，主要希望大家注意的是「韓」這一個種族名稱在這個時代尚未出現。

這代表最起碼在《史記》作者司馬遷的時代，尚不知道「韓」的名字。且就算到了《漢書》作者班固的時代，「韓」也還不是一個眾所皆知的種族名稱。

在班固十三歲的西元四四年，也就是東漢光武帝的建武二十年，「韓」的名稱首度登上歷史舞台。《後漢書》〈光武帝紀〉中記載該年，「秋，東夷韓國人率眾詣樂浪內附」，也就是表明了友好之意。《後漢書》〈東夷列傳〉當中也記載，「建武二十年，韓人廉斯人蘇馬諟等，詣樂浪貢獻。光武封蘇馬諟為漢廉斯邑君，使屬樂浪郡，四時朝謁」，也就是說中國承認每季來訪樂浪郡、接受招待的權利。

然而，嚴格來說，這並不是第一次見到「韓」這個種族名稱。《後漢書》並非一世紀光武帝當時的史料，而是五世紀南朝宋的范曄所寫。也就是說，他應該強烈受到三世紀晉朝陳壽所寫的《三國志》的影響。

尤其是《後漢書》〈東夷列傳〉，幾乎完全取自《三國志》〈魏書〉當中的〈烏丸、鮮卑、東夷傳〉，也就是所謂的〈魏志東夷傳〉。說到底，與其說他是受到《三國志》的影響，其實范曄多半是抄寫比《三國志》早完成、由晉朝王沈所著的《魏書》。無論如何，范曄在編纂《後漢書》的時候，無疑已經從《魏書》或《三國志》當中的詳細記載，獲得三世紀有關「韓」的知識。

因此，就算《後漢書》中出現「東夷韓國人」或是「韓人廉斯人」的記載，也不能夠僅憑這一點就判定在一世紀當時的東漢官方紀錄當中，就已經使用了「韓」這個字來記錄四四年這次的朝貢。

其實，《後漢書》〈東夷列傳〉中稱蘇馬諟為「韓人廉斯人」本身就是一個非常異樣的寫法。也許原本應是「韓廉斯人」而多寫了一個「人」字，也或許是在抄寫時的誤寫，關於這一點，在這裡不做進一步追究。但值得注意的是，光武帝授予蘇馬諟的稱號僅是「漢廉斯邑君」，沒有加進「韓」字。

❖ 中國人口銳減的影響

這個四四年的「漢廉斯邑君」應該與十三年後的「漢委奴國王」同等看待。這二個稱號的出現，反映了中國人口的變動。

《漢書》〈地理志〉記載，在相當於西元二世紀的西漢平帝元史二年，當時帝國的總人口數是五千九百五十九萬四千九百七十六（約六千萬）人。這是王莽篡位前夕的數字，人口處於過剩的狀態。中國的人口在之後，由於王莽末年的內亂而銳減，根據《漢書》〈食貨志〉的記載，人口只剩原本的十分之二。六千多萬人的十分之二大約是一千數百萬人。王莽滅亡之後，東漢光武帝平定戰亂重新統一中國，而在他死時的西元五七年，人口是二千一百萬零七千八百二十（約二千萬）人。根據之後直到東漢末年為止的人口數往回推，大約都是以這個數字為基礎，每年以百分之二的比例增加，可見西元五七年人口記載的數字可信度高。順道一提，現在中華人民共和國每年的人口增加率也是百分之二。

光武帝是在西元三七年再度統一中國。假設人口從這一年開始恢復，根據每年百分之二的人口增加率，如果想要在二十年後的西元五七年人口達到二千數百萬人，則西元三七年中國的總人口數必須是大約一千五百萬人。從這裡也可以看出，《漢書》〈食貨志〉中關於人口一下子銳減至五分之一的記載是事實。

無論如何，人口從六千萬一下子銳減至一千數百萬人是一個超乎想像的激烈變化。這個變化當然深刻影響了中國社會的各個層面，對於境外各種族的政策當然也有所改變。其結果就是出現了所謂的「漢廉斯邑君」和「漢委奴國王」。

韓半島自從西元前一〇八年西漢武帝滅朝鮮王國，設置樂浪、真番、臨屯、玄菟四郡起，一直都在中國政府的直轄之下。經過漢武帝五十四年積極的內外政策之下，政府的財政瀕臨破產。西元前八七年漢武帝死後，昭帝於西元前八二年廢止真番郡，與樂浪郡整合。臨屯郡同樣也被樂浪郡吸收，但時期不明。

就像這樣，只剩下樂浪郡負責維持韓半島的治安。之後，在包括昭帝在內的歷代皇帝的努力之下，如前所述，總人口終於在西元二年達到了六千萬人的盛況。而這六千萬人一下子銳減至一千多萬人，當然無法維持原本的郡縣制度。光武帝整理人口過少的城市，廢止八郡和四百餘縣，加以整合。至今為止管轄韓半島的樂浪郡，實力無疑也比以前減弱了許多。

根據《後漢書》〈光武帝紀〉和〈循吏列傳〉的記載，西元二五年，土人王調殺了樂浪太守劉憲，自稱大將軍和樂浪太守，三〇年，光武帝派遣樂浪太守王遵討伐，王調最後被部下殺害。

另外，根據〈魏志東夷傳〉的記載，同三〇年，邊境的郡都尉（軍司令官）遭到廢止。結果，至今為止駐紮在樂浪郡不而縣、負責鎮守「領東七縣」，也就是韓半島脊梁山脈東側臨屯郡故地的東部都尉也被廢止，授予七縣濊族住民的酋長們縣侯之位。〈魏志東夷傳〉雖然沒有相關的記載，但駐紮昭明縣、負責鎮守真番郡舊地的南部都尉想必也同樣遭到廢除。晉朝司馬彪的《續漢書》〈郡國志〉中提到「昭明」為樂浪郡十八城之一，但不能確定這個「昭明」就是西漢時代南部都尉駐紮的昭明縣。

無論如何，東部都尉的廢止與放棄領東七縣無疑促使了「濊」的政治發展。南部都尉的廢除也是中國實力大幅削弱下的結果，這些當然都嚴重影響了韓半島南部的原住民。

❖ 西漢初期的情勢

接下來簡單介紹西漢初期的情勢。根據《史記》〈朝鮮列傳〉的記載，首先，在燕王國的全盛時代就已經征服了真番和朝鮮，在當地設置官吏，並在邊境修築要塞。燕國從易王於西元前三二三年與韓、趙同時稱王的時候開始成為大國，而燕國也是在西元前四世紀末至西元前三世紀初，將韓半島收歸管轄。《史記》〈朝鮮列傳〉接著記載，秦滅了燕之後，真番和朝鮮屬於遼東郡的境外。這種寫法非常模糊，很難判斷秦的時代是否與燕的時代相同，都有派遣官吏駐紮真番、朝鮮之地，維持要塞。然而，〈朝鮮列傳〉後面的記述提到，朝鮮王衛滿逃到秦原有空地的邊境要塞，從這裡可以看出，在秦的時代，韓半島上也有中國的機構。「屬於遼東郡境外」代表的應該是該機構的直接負責人是遼東太守的意思。

秦末至漢初的中國，其實與二百年後的王莽至光武帝時期非常相似。因此，西漢第一任皇帝漢高祖的對外政策與之後的光武帝採取的政策也別無二致。也就是說，《史記》〈朝鮮列傳〉記載，漢興起後，由於真番和朝鮮太遠而難以防守，於是在遼東郡的邊境修築要塞，以浿水為界，隸屬於燕。這個燕是復興後的燕王國。

經常聽到有人說，西漢高祖有鑑於秦始皇郡縣制度的失敗，因此改為採用郡國制度。這是不懂歷史的人說的話，西漢高祖絕非復原秦的統一。在當時，漢王國是並立諸多王國中的一國，漢王充其量不過是當中的代表，擁有皇帝的稱號罷了。

因此，西漢初期的遼東郡並非漢皇帝的遼東郡，而是復興後的燕王國的遼東郡。《史記》〈朝鮮列傳〉所記載的「朝鮮王滿者，故燕人也。自始全燕時嘗略屬真番、朝鮮，為置吏，築鄣塞。秦滅燕，屬遼東外徼。漢興，為其遠難守，復修遼東故塞，至浿水為界」，其主體是燕王國。這種記述方式顯示出，對於燕王國而言，中原方面的國境防衛是第一要務，因此從韓半島抽手。

然而，到了西元前一九五年，漢軍滅了黥布、陳豨之後，燕王盧綰逃到匈奴，燕王國崩壞，遼東郡成為了皇帝的直轄領。根據《史記》〈朝鮮列傳〉的記載，這時，燕人衛滿逃亡，帶著同黨千餘人向東方逃出了邊境，渡浿水，以名為上下鄣的秦舊空地要塞為根據地，逐漸讓真番、朝鮮的異族，以及過去燕王國和齊王國的逃亡者服從他的命令，成為了他們的王，以王儉為首都。當時正值惠帝、呂太后的時期（西元前一九五年至前一八〇年），中國才剛剛進入穩定期。於是，遼東太守與衛滿締結契約，讓他成為皇帝的盟友，統治境外異族，讓他們不要騷擾中國邊境，若異族的酋長們想要進入中國晉見皇帝，中國也不會禁止。遼東太守向皇帝報告，皇帝也同意了。

漢遼東太守在這裡採取的措施，代表將維持國境外治安的工作全權委託給了衛滿。衛滿負責與漢皇帝和異族酋長們之間的交涉，分擔了至今為止由遼東郡負責的重要部分。作為交換條件，漢朝承認其朝鮮王的稱號，讓他在面對異族的時候，可以利用與皇帝間的特權關係。

衛滿與遼東太守交換約定的時候，他的勢力還沒有很大。但等到漢朝承認他朝鮮王的地位後，利用與漢朝在軍事和經濟上的聯結，勢力一下子擴張，開始具備看起來像是一個王國的條件。關於這一點，《史記》〈朝鮮列傳〉的記載如下：

以故滿得兵威財物侵降其旁小邑，真番、臨屯皆來服屬，方數千里。

下面我們回到東漢時期。

光武帝於西元三〇年廢止邊境的郡都尉，代表漢已經沒有餘力可以直接維持境外異族的治安，而人口的急速銳減，也使得邊境防軍的兵力大幅減弱。面對這樣的狀況，光武帝能夠採取的上策就是學習西漢惠帝、呂太后時代的遼東太守的做法，從異族酋長中選出一位友好者，讓他負責邊境防衛，而且這也是花費最少的做法。

也就是說，西元四四年的「漢廉斯邑君」和五七年的「漢委奴國王」與過去的朝鮮王衛滿相同，都是配合中國內部情勢而由中國創造、培育出來的位置。他們一開始在異族之間的勢力並沒有很大，但藉由與皇帝締結特約而取得軍事和經濟上的特權，利用這些特權逐漸擴展勢力。

就像這樣，以他們為中心，被稱作「韓」或「倭」的集團逐漸成長，發展成為具有各自特色的種族。

遠在海上、至今從未直接受到樂浪郡管轄的倭人，他們的名字已經出現在《漢書》〈地理志〉中有關西元前二〇年代東亞人文地理的敘述當中：

樂浪海中有倭人，分為百餘國，以歲時來獻見云。

無論實際的狀況如何，最起碼處於稱得上是一個「國」的狀態。

然而，「韓」並沒有出現在《漢書》〈地理志〉中，與「漢委奴國王」不同，「漢廉斯邑君」的稱號中沒有「韓」字。更進一步來說，倭的代表是與郡太守同等的「國王」，而韓的代表僅是與縣令同等的「邑君」，這也顯示出一直以來受到樂浪郡直接統治韓半島原住民，至今為止在政治上都沒有獲得成長的餘地和機會。影響力如此薄弱的韓，終於也有了飛躍性成長的機會。這個機會就是一八四年的黃巾之亂。

如前所述，自從東漢武帝重建中國之後，人口以每年百分之二的比例順利增加。從五七年的二千一百萬零七千八百二十（約二千一百萬）人，成長到七五年的三千四百一十二萬五千零二十一人，八八年的四千三百三十五萬六千三百六十七人，一〇五年的五千三百二十五萬六千二百二十九人，稍微有一點人口過剩的趨勢。之後人口略減，一二五年的四千八百六十九萬零七百八十九人，一四四年的四千九百七十三萬零五百五十人，一四五年的四千九百五十二萬四千一百八十三人，一四七年的四千七百五十六萬六千七百七十二人，穩定維持在接近五千萬人的適當規模。然而，人口之後又再度上升，一五七年到達五千六百四十八萬六千八百五十六人，又開始有人口過剩的趨勢。

一八四年在中國各地爆發的黃巾之亂，其中的原因就是人口過剩。平定亂事的將軍們爭權奪勢，最後演變成內戰，導致糧食生產不足，人口又再度銳減，事態遠比王莽末年還要嚴重。

晉武帝是在二八〇年恢復中國的統一，實際上耗費了百年的時間。這嚴重打擊了中國社會，當時甚至有人形容：「今天下之戶口（人口），當昔一郡之地。」

這並不是誇飾。三國時代末期，在魏合併蜀的二六三年，兩國的人口合計僅五百三十七萬二千八百九十一（約五百四十萬）人。這個數字雖然不包含東吳的人口，但在黃巾之亂後，才有大量的中國人移居東吳佔據的江南，因此不太需要列入考慮。在長江以北，銳減的人口必須維持糧食的生產，同時也必須因應內戰而維持軍需，因此人口一直無法恢復。考慮到這些狀況，一八四年黃巾之亂後，中國人口的減少，的確是接近只剩十分之一的激烈變化。

❖ 中國與東夷諸國

就像這樣，中國內部劇烈的變化，再度嚴重影響了韓半島的原住民。一八九年，東漢的遼東太守公孫度率遼東、玄菟、樂浪三郡獨立，將兵力調往西方的中原方向，韓半島出現了權力真空的狀態。〈魏志東夷傳〉當中所說的「倭國亂，相攻伐歷年」，受到的是黃巾之亂直接的影響，代表至今為止依靠中國皇帝的權威而得勢的漢委奴國王失去了權力的基礎。之後，統屬邪馬台國女王的倭伊都國王，應該就是漢委奴國王的後人。

韓半島更是直接受到黃巾之亂的影響。〈魏志東夷傳〉記載，東漢桓帝、靈帝末年，韓、濊強盛而無法有效統管郡縣，有許多人民流入韓國。這代表了在黃巾之亂時，中國人大量逃往韓人的住地避難，韓半島出現了華僑的殖民地。韓、濊的強盛是中國人口銳減造成影響力衰退的相對結果，與此同時，華僑的流入也帶來了城市的成長與商業的發達。

〈魏志東夷傳〉在剛才引用的記述後面又記載，建安年間（一九六年至二二〇年），遼東公孫康劃分樂浪郡屯有縣以南的荒地為帶方郡，派遣公孫模、張敞等人收集遺民，興兵討伐韓、濊，舊民稍出。之後，倭、濊隸屬於帶方郡。從這裡可以看出，設置帶方郡的目的在於收回因華僑移居而發展起來的韓半島南部的利權。黃巾之亂後在韓、濊、倭出現的華僑社會，是在分析〈魏志東夷傳〉時必須深入考量的重點。

之後的二三八年，在司馬懿的指揮之下魏軍滅掉了公孫淵，樂浪郡和帶方郡進入魏中央政府的管轄之下。這個軍事上的成功，改變了司馬懿在政界的命運。司馬懿原本被命令不回帝都洛陽，直接前往長安赴任。然而，這時的魏明帝正在生死邊緣，任命叔父燕王曹宇輔佐養子齊王曹芳。然而，明帝身邊的中書監（皇帝的首席祕書官）劉放和中書令（次席秘書官）孫資一向與燕王曹宇一派不和，於是從中作梗，說服明帝改變決定，成功地將輔佐齊王的大臣改成了曹爽和司馬懿。司馬懿在赴任途中經過故鄉溫縣（河南省），在這裡突然被召回，接受了明帝的遺命。司馬懿一下子躍居政界的中心，終於到了二四九年，發動政變，打倒曹爽，獨佔魏朝的實權。二五一年司馬懿死後，相繼由他的兒子司馬師和司馬昭掌權，二六五年司馬昭死後，他的兒子司馬炎（武帝）取代魏朝，開創晉朝。

由於有這樣的內情，因此公孫氏過去佔據的東北地方對於司馬氏而言是創業之地，也是非常重要的地盤。從二四四年至二四六年，幽州刺史毋丘儉、玄菟太守王頎、樂浪太守劉茂、帶方太守弓遵大規模討伐高句麗、沃沮、濊、韓。這個作戰計劃與其說是為了魏朝，其實最主要的目的是司馬懿要擴大個人的地盤。因此，武帝即位之後，晉朝同樣將重點放在東北地方，二七一年，任命在征服蜀國立下戰功的衛瓘為征北大將軍、都督幽州諸軍事、幽州刺史、護烏桓校尉，派駐幽州（北京）。衛瓘於二七八年回到中央擔任尚書令（相當於日本的內閣官房長官），從他派駐幽州的時候開始，就與東夷諸國保持活絡的外交。從《晉書》〈帝紀〉當中選摘相關記述如下。

咸寧二年（二七六）二月，東夷八國歸化。七月，東夷十七國內附。
三年（二七七）是歲，西北雜虜及鮮卑、匈奴、五溪蠻夷、東夷三國前後十餘輩，各帥種人部落內附。
四年（二七八）三月，東夷六國來獻。是歲，東夷九國內附。
五年（二七九）十二月，肅慎來獻楛矢石砮。
太康元年（二八〇）六月甲申，東夷十國歸化。七月，東夷二十國朝獻。
二年（二八一）三月，東夷五國朝獻。六月，東夷五國內附。
三年（二八二）九月，東夷二十九國歸化，獻其方物。
七年（二八六）八月，東夷二十一國內附。是歲，扶南等二十一國、馬韓等十一國遣使來獻。
八年（二八七）八月，東夷二國內附。
九年（二八八）九月，東夷七國詣校尉內附。

十年（二八九）五月，東夷十一國內附。是歲，東夷絕遠三十餘國、西南夷二十餘國來獻。

太熙元年（二九〇）二月辛丑，東夷七國朝貢。

永平元年（二九一）是歲，東夷十七國、南夷二十四部並詣校尉內附。

將上述〈帝紀〉的記載對照同為《晉書》的〈四夷列傳〉，二七七、二七八兩年包含馬韓，二八〇、二八一、二八六則包含馬韓和辰韓，二八七、二八九、二九〇年包含馬韓，但二七六、二八二、二八八、二九一卻不知道是哪些國家。想必倭國也被算在這些東夷諸國當中。

❖ 張華

總而言之，東夷諸國的登場並非是他們自發性行為下的結果，而是晉朝方面積極推動下的成果。這一點從《晉書》〈張華列傳〉中可以看出。

張華是范陽郡方城（河北省固安縣）人，年輕的時候失去雙親，生活困苦，靠養羊維生。同鄉人劉放肯定他的才華，將自己的女兒嫁給了他。這個劉放就是說服魏明帝立司馬懿為輔政大臣的那一個劉放。

在同郡人盧欽的推薦之下，張華成為司馬昭身邊的人，從佐著作郎（編纂官輔佐）榮升長史（事務局長），兼任中書郎（皇帝身邊的秘書官）。晉武帝即位後又擔任中書令（次席秘書官），是政府的重要人物。然而，因遭到貴族的嫉妒而被貶到地方，二八二年，以持節、都督幽州諸軍事、領護烏桓校尉、安北將軍的身分前往東北地方赴任。

根據《晉書》〈張華列傳〉的記載，張華在幽州任官期間，「撫納新舊，戎（異族）夏（中國人）懷之。東夷馬韓、新彌諸國依山帶海，去州四千餘里，歷世未附者二十餘國，並遣使朝獻。於是遠夷賓服，四境無虞，頻歲豐稔，士馬（軍隊）強盛」。

然而，由於成績過於顯赫，有人對於張華掌握軍權有所顧慮，張華於是被召回中央，擔任太常（宮內廳長官）。張華被召回的正確年代不明，但大約與二八七年開始改建太廟（祭祀帝室祖先的地方）屬於同一時期。二八九年太廟修建完成，牌位奉遷，年末卻發生梁柱倒塌的意外，張華遭到究責而被免官。

翌年，武帝死後，由他的第二個兒子惠帝即位。擔任輔政的是楊駿，他是過去武帝的皇后——楊太后——的父親。然而，惠帝並非楊太后所生，而是楊太后堂姊之子。再加上惠帝的皇后賈氏強勢且聰明，惠帝於是被賈皇后牽著鼻子走。

終於到了二九一年，賈皇后找來鎮南將軍楚王司馬瑋，借助他的兵力發動政變，殺了楊駿，廢掉楊太后，他們的同黨一族、親屬等接連被判處死刑，其中一人就是負責東北關係的東夷校尉文淑。

賈皇后之後又命楚王司馬瑋殺掉勢力龐大的太宰汝南王司馬亮和太保衛瓘，又將責任推到楚王身上，藉此殺了他。

張華也參與了這場陰謀，立下的功勞讓他回歸中書監（皇帝身邊的首席祕書官）一職。他的才略、卑賤的出身、中立的立場以及人望等讓他獲得重用，二九六年，晉升司空（副總理）。

然而，張華雖然努力不懈，但到了三〇〇年，握有軍事權的皇族之間爆發勢力鬥爭，梁王司馬肜和趙王司馬倫發動政變，廢了賈皇后，張華也被殺。這是八王之亂的開端，之後，晉朝的中國統一逐漸崩壞，開始進入五胡十六國之亂（三〇四年至四三九年）的時代。

就像這樣，二九一年是晉朝政治動盪、開始走向破滅深淵的年分，之後再也沒有餘力介入境外。這時，由於東夷校尉文淑也被殺害，二九一年當然也就成為了東夷諸國朝貢的最後一年。

❖《三國志》的作者陳壽

《三國志》的作者陳壽是受到張華庇護的人，為此，《三國志》本身可說是反映了張華的政治立場。

陳壽原本是蜀國的官吏，在父親死後的服喪期間生病，讓女眷服侍他用藥。也就是說他讓異性進入他的房間，這被前來探望的賓客看到，認為他犯了儒教的戒律，在同鄉人之間引起軒然大波。也因為這一件事，就算在二六三年蜀被魏合併之後，陳壽依舊無法擔任官職。

然而，他的才華受到張華的賞識，在張華的牽線之下，陳壽取得孝廉的資格，擔任佐著作郎（編纂官輔佐）。他在擔任著作郎（編纂官）時所寫的《三國志》六十五篇備受好評，史官方面的才能讓他聲名遠播。欣喜的張華據說曾經對他說：「當以《晉書》相付耳。」

張華推薦陳壽擔任中書郎（皇帝身邊的秘書官），試圖將他放在武帝身邊，但在張華政敵的阻擾之下，陳壽被任命為長廣太守（過去山東省長廣郡的長官），遠離中央。然而，陳壽以母親年邁為由推辭了這項任命，在與張華要好的鎮南大將軍兼都督荊州諸軍事——杜預——的推薦之下，陳壽被任命為御史治書（法務顧問官），但由於母親過世，為了服喪而不得不辭去官職。再加上他遵照母親的遺言將她葬在洛陽，沒有將遺體送回故鄉巴西郡安漢縣（四川省南充縣），這一點又讓他飽受非議，也因此無法復職。

數年後，想必是在二九一年回歸中央政界的張華的斡旋之下，陳壽被任命為太子中庶子（東宮的舍人，皇太子的副官），但尚未就職就因病以六十五歲之齡過世。陳壽死後，同鄉人請願公認《三國志》，中央於是命河南尹（首都河南郡的長官）和洛陽令（首都的市長）派人前往陳壽的家中抄寫《三國志》。《三國志》在此時首度獲得正史的地位。

就像這樣，陳壽出身於舊敵國蜀，原本就受到諸多非議，但由於張華的賞識而撰寫了《三國志》。這個張華又是貴族的眼中釘，是一個只靠才能和學識立足於政界的人。因此，《三國志》的寫法反映了張華和陳壽的立場，參考的時候必須非常慎重。陳壽是史學大家譙周的弟子，《三國志》的寫法非常嚴謹和簡潔。但原因不僅如此，所謂的簡潔，說白了就是顧慮太多而無法多言。宋的裴松之以補充《三國志》的事實為主，甚至還寫下了少見的註解，這件事本身就證明了陳壽在寫《三國志》的時候遭遇了諸多阻礙。

在認知到《三國志》的編纂背景之後再來看其架構（參照二七頁）。〈魏書〉三十卷、〈蜀書〉十五卷、〈吳書〉二卷，全部都是整數，且《晉書》〈陳壽列傳〉中也寫道：「陳壽撰魏、吳、蜀《三國志》，凡六十五篇。」從中可以看出現在流傳下來的《三國志》並沒有缺漏，非常完整。相當於〈魏書〉最後一卷的第三十卷就是〈烏丸、鮮卑、東夷傳〉。

為什麼沒有〈西域傳〉卻有〈東夷傳〉

然而，問題是為什麼只有烏丸、鮮卑和東夷有傳記呢？為什麼不記載其他異族呢？南蠻位於東吳的背後，與魏的交涉也許不多。但為什麼連西戎也被排除了呢？根據〈魏書〉〈文帝紀〉的記載，黃初三年（二二二年）二月，鄯善、龜茲、于闐王派遣使者奉獻，詔曰「西戎即敘，氐、羌來王，《詩》、《書》美之。頃者西域外夷並款塞內附。其遣使者撫勞之」，之後西域遂通，設置戊己校尉。

另外，根據〈明帝紀〉的記載，太和元年（二二七年）十月，焉耆王子遣使入侍，太和三年（二二九年）十二月癸卯，由於大月氏王波調遣使奉獻，以調為親魏大月氏王。

再根據〈三少帝紀〉的記載：

（咸熙二年，二六五年）閏月庚辰，康居、大宛獻名馬，歸於相國府（司馬炎府邸），以顯懷萬國致遠之勳。

魏朝與西域有如此多的往來，為什麼陳壽在〈魏書〉中卻不立〈西域傳〉呢？關於親魏倭王卑彌呼在〈東夷傳〉中有如此詳細的記述，但卻為什麼不給在此之前的親魏大月氏王波調同樣的待遇呢？

不可能沒有相關史料。與陳壽同時代的魚豢所著的《典略》中的〈魏略〉設有〈西戎傳〉，裴松之甚至在〈魏志東夷傳〉末尾的註解中引用了全文。《三國志》當中設有〈烏丸、鮮卑、東夷傳〉卻沒有〈西域傳〉，這一點絕非偶然，而是陳壽有充分的理由必須這麼做。

關於陳壽編纂〈烏丸、鮮卑、東夷傳〉的理由，第一，東北方面的邊境是司馬懿討伐公孫淵立下戰功的地方；第二，這個地方也因此成為了司馬氏開創晉朝的基礎；第三，這也是最重要的一點，張華在東北方面有著活躍的表現，陳壽對於這個地方的記述愈詳細，愈可以顯示張華的功績。

相反的，關於西北方面，陳壽也有不得深入記述的理由。二二二年，鄯善、龜茲、于闐的朝貢與戊己校尉的設置；二二七年焉耆王子的入侍；二二九年大月氏的朝貢，這些事情發生的時候，擔任魏朝西北邊境防禦的人是曹操一族的曹爽。二一九年，鎮守漢中的魏征西將軍夏侯淵被蜀的劉備擊敗戰死之後，曹真成為征蜀護軍，駐紮陳倉。翌年，曹操死後由曹丕（魏文帝）繼任魏王，曹真成為鎮西將軍、假節、都督雍涼州諸軍事，二二二年，回到洛陽擔任上軍大將軍、都督中外諸軍事，授予節鉞（可代行天子軍政職權）。同年鄯善、龜茲、于闐遣使朝貢，想必是曹真帶來的禮物。

二二六年文帝死後，曹真頂著中軍大將軍、給事中的頭銜，與陳群、曹休、司馬懿一起接受遺言輔佐明帝，晉升大將軍、大司馬，繼續積極防禦蜀的諸葛亮，後於二三一年死去。

曹真死後，西北的地盤由司馬懿代管，但正統的繼承人是曹真的嗣子曹爽。二三九年明帝死時，受命輔佐明帝養子齊王曹芳的是大將軍、假節鉞、都督中外諸軍事、錄尚書事的曹爽，與他並列的是司馬懿。司馬懿在二四九年的政變中殺了曹爽，奪取魏朝的實權，這部分之前已經說明。

開拓與西域諸國友好關係的是司馬懿扳倒的政敵之父。陳壽受到司馬懿之子司馬昭身邊的張華的庇護，且立場薄弱，想要在《三國志》中立〈西域傳〉，當然會受到阻礙。也因為如此，《三國志》中只有〈烏丸、鮮卑、東夷傳〉。

〈魏志東夷傳〉誇大了道里，這一點眾所皆知。〈韓傳〉中將韓的住地寫作「方四千里」，與〈倭人傳〉中從帶方郡到狗邪韓國沿岸航路寫作「七千餘里」這一點十分吻合。另外，從帶方郡到倭女王的邪馬台國為「萬二千餘里」，而倭地的周旋（全長）為「五千餘里」。一萬二千里減去七千里正好是五千里，這一點也吻合。

這些誇大是為了與代表曹真功績的「親魏大月氏王」對抗，司馬懿於是才會刻意創造「親魏倭王」。

比起統治西突厥斯坦、北阿富汗、北印度全域、部分東突厥斯坦的貴霜帝國韋蘇提婆一世，卑彌呼恐怕是微不足道的勢力。

正因為如此，為了司馬懿的名譽，也為了晉朝的正統性，必須大幅誇大韓半島與日本列島的大小，並把邪馬台國的位置搬到遙遠南方熱帶的「會稽東冶（福建省福州市）之東」，讓他成為「所有無與儋耳、朱崖（海南島）同」。

由於〈魏志東夷傳〉的背後有上述這些政治因素，因此使用時必須特別注意。

❖ 從〈韓傳〉看到的奇特現象

最後關於在〈韓傳〉中看到的奇特現象進行簡單說明。這個奇特的現象就是對於馬韓的記述，採取全面否定的態度。

首先，馬韓被寫成「散在山海間，無城郭」。在習慣城郭生活的中國人眼裡，這裡無疑是一個未開化的地方。不僅如此，「其俗少綱紀（規律），國邑（國家城市）雖有主帥（酋長），邑落（聚落）雜居（混雜分布），不能善相制御。無跪拜之禮……其北方近郡（帶方郡）諸國差曉禮俗（禮節風俗），其遠處直如囚徒（囚犯）奴婢（奴隸）相聚……又諸國各有別邑（較遠的聚落），名之為蘇塗。立大木，縣鈴鼓，事鬼神。諸亡逃至其中，皆不還之，好作賊。其立蘇塗之義（意義），有似浮屠（佛教徒），而所行善惡有異」。這一篇有名的記述姑且不論文化人類學上的解釋，從中可以充分感受中國人的嫌棄。

此外也觀察了馬韓的居處，「作草屋土室，形如冢，其戶在上，舉家共在中，無長幼男女之別……不知乘牛馬，牛馬盡（屠殺）於送死（葬禮）」。

相對於馬韓，辰韓的評價就很高。與沒有城郭的馬韓不同，辰韓有城柵。相對於不知禮的馬韓，辰韓關於嫁娶（婚姻）的禮俗（禮節風俗）男女有別。

也就是與中國人同樣，有著將婦人隔離的習俗。關於這個風俗的記述如下：「行者相逢，皆住讓路。」另外，馬韓不知乘牛馬，而辰韓「乘駕牛馬（騎乘或是拉車）」。

另外，與辰韓雜居（混合居住）的弁辰也有城郭，衣服、居處皆與辰韓相同，語言、法俗（法律）相似，衣服清潔，法俗嚴峻（嚴格）。

如此看來，住在靠近帶方郡的馬韓在中國人的眼中是無可救藥的野蠻人，反倒是較遠的辰韓、弁辰文明開化，在城郭內過著城市生活。

而且，辰韓的商業非常發達。〈魏志東夷傳〉的記述，「國出鐵，韓、濊、倭皆從取之。諸市買皆用鐵，如中國用錢，又以供給二郡（樂浪郡和帶方郡）」，就是最好的證據。可見，連接樂浪郡、帶方郡、濊、韓、倭的商業網是以辰韓為中心展開，用鐵當作交易的貨幣。

說到城郭都市與商業網，這些完全是中國的文明。實際上，如果照〈魏志東夷傳〉的說法，那麼辰韓無疑是華僑。

根據耆老（古老）傳說：「自言古之亡人（逃亡者）避秦役來適韓國，馬韓割其東界地與之。」辰韓的語言與馬韓不同，辰韓人將國稱作「邦」，弓稱作「弧」，賊稱作「寇」，行酒（酒宴）稱作「行觴」，彼此互稱「徒」，與秦人相似，不僅僅是燕、齊的名物（稱呼）。也就是說，辰韓的語言包含陝西方言的要素，與河北方言和山東方言不同。

另外，稱樂浪郡人為「阿殘」，由於東方的人稱「我」為「阿」，因此樂浪人原本就是代表殘餘之人的意思。現在有人取名稱作「秦韓」。

從上列的記述中可以明顯看出，辰韓人的語言是過去的中文。當然，不可能將所有的辰韓人都視為是中國人移民的子孫。然而，最起碼可以確定的是，經營城郭都市、從事商業活動、說著帶有陝西腔的中文、被稱作辰韓十二國的城市國家聯盟，其主要居民來自西漢以來不斷發生大變動的中國社會，他們是向東逃到馬蘭住地的華僑。這也是辰韓比馬韓大幅開化的原因。

至於為什麼位於馬韓東界的辰韓會如此發達呢？理由在於交通。根據〈魏志倭人傳〉的記載，辰韓十二國、弁辰十二國相互雜居，沒有所謂自己的領土。然而，奇怪的是，辰韓十二國的辰王並不在辰韓之地，而是在馬韓的月支國。根據記載：「辰王常用馬韓人作之，世世相繼。」

這代表了辰王並非我們所想的一個領土國家的統治者，而是辰韓十二國城市聯盟的利益代表，為了方便與中國的官吏交涉，於是住在距離帶方郡較近的馬韓月支國。由於辰王由中國任命，雖屬世襲制，但沒有中國的承認就無法就任。

弁辰十二國也有一個王，但弁辰王想必也和辰王相似。也就是說，韓半島的東南角，相當於現在的慶尚南北道，有著二十四個中國式的城市，各自加入兩個不同的商業聯盟，這兩個商業聯盟分別是辰韓和弁辰。

弁辰十二國被認為是後來的加羅（伽倻）、任那諸國的前身。事實上，〈魏志東夷傳〉的弁辰安邪國是安羅（咸安），弁辰狗邪國（狗邪韓國）是金官加羅（金海）。另外，六伽倻之一的固城在〈魏志東夷傳〉中以弁辰古資彌凍國之名出現。

然而，問題是這些六伽倻諸國，也就是咸昌、星州、高靈、金海、咸安、固城，全部都分布在洛東江右岸，位於帶方郡至倭國的交通路上。

從大同江左岸樂浪郡所在的朝鮮縣開始順路南下韓半島，不出大同江口而進入載寧江，從瑞興江越過車嶺再順禮成江而下，之後從漢江往上，在忠州越過鳥嶺出洛東江上游，這裡就是咸昌。從這裡沿星州、高靈、咸安、金海往下就可以出海。考慮到海流方向，從固城前往對馬，再從對馬進入倭國。

當然，六伽倻並不完全就是弁辰十二國。然而，從分布可以看出，辰韓十二國和弁辰十二國的本質就是商業交通路上的城市同盟，是由華僑打造出的文明成果。

第二部

日本在外壓之下成立

第八章

日本誕生

❖ 從奴國到卑彌呼——一世紀至四世紀初

曾是城市聯盟的一世紀王權

西元五七年，隨著最初的王權在博多誕生，日本列島的政治史也正式開始。這一年，中國的東漢光武帝授予博多的倭人酋長王號。《後漢書》〈光武帝紀〉中元二年正月記載，「東夷倭奴國王遣使奉獻」，〈東夷列傳〉又記載，「建武中元二年，倭奴國奉貢朝賀，使人自稱大夫，倭國之極南界也。光武賜以印綬」，指的就是這一件事。

這時光武帝賜予倭王的「印」，於十八世紀末江戶時代的天明年間，在博多灣的志賀島被發現。不用說，就是「漢委奴國王」的金印。「綬」是穿過印兩端開孔、套在脖子上的繩子。印和綬在中國是地位與權威的象徵。

中國與日本列島之間的交通與貿易自西漢武帝於西元前一〇八年合併平壤的朝鮮王國，在韓半島設置真番郡、樂浪郡等四郡起就非常盛行，到了西元一世紀末，日本列島成長至有百餘「城市」，而中國人將這些城市稱作「國」。其中之一就是博多的奴國，由於位在從韓半島至日本列島入口位置的港口，因此貿易非常繁榮，成為了倭人諸國中的重要城市。

《後漢書》〈東夷列傳〉將奴國稱作「倭國之極南界也」是一件非常奇怪的事，應該是受到〈魏志倭人傳〉影響而造成的誤記。《後漢書》的作者范曄是比光武帝晚四百年的五世紀時的人，出生於南朝的劉宋，當然讀過三世紀陳壽《三國志》〈魏志東夷傳〉中所謂〈魏志倭人傳〉的部分。

〈魏志倭人傳〉中除了博多的奴國之外，還有另一個奴國，與女王首都的邪馬台國之間夾著二十多國，「此女王境界所盡」。其南方是狗奴國，男子為王，隸屬於女王。想必范曄將五七年的奴國誤以為是狗奴國旁邊的另一個奴國。

姑且不論「極南界」，如果僅憑《後漢書》中「倭國之極南界也」的寫法，那麼會以為有一個名為「倭國」的廣大王國，其統治者的王就住在領內的倭國。然而，這樣的看法是不正確的。范曄是五世紀時候的人，他一直活到四四五年，當然知道同時代來訪劉宋的倭王讚、倭王珍、倭王濟的使者。這些倭王相當於以難波為中心繁榮發展的河內王朝的履中天皇、反正天皇、允恭天皇，在畿內擁有可以被稱為王國的勢力範圍。三世紀的〈魏志倭人傳〉中雖然也出現三次「倭國」的字眼，但其一是「倭人諸國」的簡稱，另外二次則是代表「倭女王國」，也就是邪馬台國這個城市，絕非是指有一個名為「倭國」的王國。

就這樣，到了一世紀中，日本列島誕生了最初的王權，但還沒有處於可以被稱為王國的狀態，充其量不過是倭人諸城市的聯盟，而倭王是他們的代表。這個狀態一直到半世紀後也沒有改變。

根據《後漢書》的記載，倭王於一〇七年再度派遣使者訪問中國皇帝。也就是〈孝安帝紀〉永初元年十月記載的「倭國遣使奉獻」，也是〈東夷列傳〉中記載的「安帝永初元年，倭國王帥升等獻生口百六十人，願請見」。

這裡的「倭國」和「倭國王」，如上所述，都反映了五世紀范曄所持有的觀念，實際上，這個名字的王國在二世紀初的時候並不存在於日本列島。這個「帥升」是獲得「漢委奴國王」金印的倭王，也是倭人諸城市聯盟的代表。「生口」指的是奴隸，代表帶著一百六十人的奴隸當作禮物，獻給了中國皇帝。「請見」指的是出席朝廷定期舉辦的早朝向皇帝問候，而「願」代表了使者口頭傳達倭王帥升有意願親自來訪洛陽的朝廷，向皇帝表達敬意。

倭五王遣使

西曆	國名	帝名	記述與書名
四一三	東晉	安帝	倭國獻方物（晉書）。晉安帝時，有倭王贊（梁書）
四二一	宋	武帝	倭王讚朝貢，賜除授（宋書）
四二五	宋	文帝	倭王讚，遣司馬曹達貢獻（宋書）
四三〇	宋	文帝	倭王讚遣使至宋，獻方物（宋書）
四三八	宋	文帝	倭王讚死，弟珍立，遣使貢獻。以珍為安東將軍、倭國王（宋書）（梁書稱珍為彌）
四四三	宋	文帝	倭國王濟，遣使貢獻。以濟為安東將軍（宋書）
四五一	宋	文帝	倭國王濟加使持節都督倭、新羅、任那、加羅、秦韓、慕韓六國諸軍事（宋書）
四六〇	宋	孝武帝	倭國遣使獻方物（宋書）
四六二	宋	孝武帝	倭國王濟死。世子興，遣使貢獻（宋書）以興為安東將軍倭國王（宋書）
四七七	宋	順帝	倭國遣使，獻方物（宋書）
四七八	宋	順帝	倭國王興死，弟武立。武遣使獻方物上表。以武為使持節都督倭、新羅、任那、加羅、秦韓、慕韓六國諸軍事安東大將軍倭王（宋書）
四七九	齊	高帝	以倭王武為鎮東大將軍（南齊書）
五〇二	梁	武帝	以倭王武為征東將軍（梁書）

然而，這個意願其實是東漢方面推動的結果，並非倭王自發性的表態。當時的東漢，和帝與殤帝相繼駕崩，鄧太后才剛於前年擁立十三歲的安帝，政權處於極度不穩定的狀態。

一〇七年的倭王遣使來訪是為了穩定鄧太后的政權，於是在東漢的推動之下，讓友好國君主當中順位最高的金印倭王演了這一齣表示支持的戲碼。除了知道這個倭王擁有許多奴隸之外，關於這個時代日本列島的內情一無所知。

卑彌呼登場的背景

這個博多的倭王在二世紀末沒落。《三國志》〈魏志倭人傳〉的記載如下：

其國本亦以男子為王，住七八十年，倭國亂，相攻伐歷年，乃共立一女子為王，名曰卑彌呼。

這裡所說倭王原本是男子，指的是一〇七年的帥升。「住」代表了一定狀態的持續，也就是說男子為倭王的狀態持續了一段時間。倭人諸國發生戰亂後，這個狀態遭到中斷，由女子卑彌呼在諸國的同意之下，被選為新的倭王。

這是發生在從一〇七年起算七、八十年後的事情，當時是東漢靈帝在位，中國正好發生了動搖東漢的大事件，也就是一八四年的黃巾之亂，發生在一〇七年的七十七年後。

黃巾之亂是名為太平道的秘密結社於全國發起的大叛亂。反叛軍戴著黃色的帽子當作記號，因此被稱作黃巾。在此事件之後，軍閥割據中國各地，東漢喪失權威，揭開了三國時代的序幕。

這個中國的大變動也波及了東北亞。關於韓半島發生的變化，根據〈魏志韓傳〉的記載：「桓、靈之末，韓濊強盛，郡縣不能制，民多流入韓國」。「韓」是韓半島南部平地的住民，「濊」則是山地的住民。中國人就算逃離樂浪郡的統治流亡韓人諸國，樂浪郡也無力阻止。很明顯這是受到黃巾之亂的影響，而這個時期與日本列島倭人諸國間發生戰亂的時期相同。

也就是說，由於東漢政權衰弱，樂浪郡無暇管理日本列島，結果使得至今為止依靠皇帝權威而存在的博多倭王沒落，倭人諸國的聯盟瓦解，發生戰亂。

之後到了一〇九年，軍閥公孫度於遼陽自立。公孫度於二〇四年死去，由兒子公孫康繼承。公孫康積極回收逃亡的中國人，這項工作超越韓半島，同時在日本列島進行。

〈魏志韓傳〉記載：

> 建安中，公孫康分（樂浪郡的）屯有縣以南荒地為帶方郡，遣公孫模、張敞等收集遺民，興兵伐韓濊，舊民稍出。是後倭韓遂屬帶方。

從倭被納入帶方郡管轄的這種寫法看來，公孫康明顯與倭人諸國代表的卑彌呼接觸，並承認卑彌呼的王號。

到了二三八年，魏將軍司馬懿滅了公孫康的兒子公孫淵，平定東北亞，將樂浪郡、帶方郡納入管轄。

翌年，卑彌呼派遣使者訪問洛陽朝廷，魏皇帝稱頌司馬懿的功績，贈予卑彌呼「親魏倭王」的稱號。這時，卑彌呼首度正式得到中國皇帝承認王權。

〈魏志倭人傳〉中包含女王的邪馬台國在內，總共列舉了倭人三十國的名稱，但絕非代表當時的日本列島僅有這些「城市」。看到〈魏志倭人傳〉的寫法，一開始的對馬國、一支國、末盧國、伊都國、奴國、不彌國、投馬國、邪馬台國等八國，都有記載各自的方向、距離，以及長官、副官的稱號。這些應該是出自二四〇年帶方郡派遣至邪馬台國的魏朝官吏所寫的報告書。

相對於這八國，從邪馬台國之後的斯馬國，一直到狗奴國的二十二國，僅列出了名稱和順序，可見參考的史料性質不相同。這應該是根據二四七年卑彌呼派遣使者至帶方郡報告與狗奴國男王卑彌弓呼之間的戰爭，而由使者帶來的情報。

由於有這方面的內情，因此〈魏志倭人傳〉中記錄下了位於帶方郡至邪馬台國沿路，以及邪馬台國至狗奴國沿路上的諸國名稱，但當時日本列島上的倭人諸國絕對不只這三十國。

無論如何，〈魏志倭人傳〉記載的三十國當中，除了邪馬台國的女王之外，值得注意的是伊都國和狗奴國也有自己的王這一點。〈魏志倭人傳〉寫到伊都國的王，世世代代統屬女王國，從位置看來，應該就是過去奴國「漢委奴國王」的後裔。也就是說，受到黃巾之亂波及而失勢的倭王的後人。伊都國裡有邪馬台國女王特別設置的「一大率」，檢察諸國，負責女王與魏朝廷、帶方郡、韓半島諸國間的外交工作，延續過去奴國倭王的功能。

根據〈魏志倭人傳〉的記載，另一個狗奴國的男王並不隸屬邪馬台國的女王。

無論是邪馬台國還是狗奴國都不能確定其真正的位置，但若是硬要推測，由於從北九州的不彌國算起第二國是邪馬台國，因此邪馬台國大約在向東越過關門海峽的瀨戶內海西部沿岸。如果說邪馬台國與「女王境界所至」的奴國之間諸國，皆是沿著航路從西向東並排於瀨戶內海沿岸，那麼終點的奴國應該位於大阪灣難波的津。到此為止的諸國皆是支持邪馬台國女王。如此一來，位於奴國之後、不支持女王的狗奴國應該就是紀伊國。當然無法確認，但這也是其中一種看法。

從〈魏志倭人傳〉中「倭女王卑彌呼與狗奴國男王卑彌弓呼素不和」的記述看來，在二世紀末戰亂之際，狗奴國的確與邪馬台國爭奪倭人諸國的支持，以求獲得王權，而這個競爭長達五十年都沒有分出勝負。

卑彌呼於二四七年去世，〈魏志倭人傳〉記載：

更立男王，國中不服，更相誅殺，當時殺千餘人。復立卑彌呼宗女（一族之女）臺與（壹與），年十三為王，國中遂定。

發生這場騷動的原因是卑彌呼沒有「夫婿」，當然也就沒有子嗣。另外一個原因是擁立男王這樣實力堅強的人，則倭人諸城市聯盟間微妙的平衡很容易就會被打破。

簡單來說，卑彌呼的王權是在中國皇帝的後援和倭人諸國的同意之下維持，絕對稱不上擁有強大的權力。

在中國，司馬懿的孫子司馬炎（晉武帝）於二六五年篡魏稱帝，開創晉朝。邪馬台國女王由於與司馬懿後代的交情，所以和晉朝也維持友好的關係，接受晉朝的後援。然而，三〇〇年中國發生八王之亂，晉朝陷入混亂。以此為導火線，三〇四年發生五胡十六國之亂，三一一年，匈奴叛軍佔領洛陽，擄走了晉懷帝。如此一來，韓半島的中國殖民地也發生動搖，二年後的三一三年，中國軍從韓半島撤退，樂浪郡和帶方郡滅亡。

就這樣，中國皇帝和韓半島的中國勢力消失。藉由與之聯手而維持地位的邪馬台國女王也只能跟著消失。無論是邪馬台國還是卑彌呼，在後世日本的文獻中沒有留下任何痕跡，就是因為倭王的王權在此曾經中斷。

❖ 河內、播磨、越前王朝——四世紀後半至七世紀初期

畿內倭國的起源

日本文獻記載中最古老的王權是四世紀後半於難波成立的河內王朝。七二〇年完成的《日本書紀》當中，記載了該王朝的天皇（其實是倭王）仁德天皇、履中天皇、反正天皇、允恭天皇、安康天皇、雄略天皇、清寧天皇的七代系譜與事蹟。然而，關於河內王朝的原始史料來自於四七八年倭王武（雄略天皇）寫給南朝劉宋皇帝的書信。

《宋書》〈蠻夷列傳〉記載了這一封書信，當中提到了王朝建國的過程：

> 自昔祖禰，躬擐甲冑，跋涉山川，不遑寧處。東征毛人五十五國，西服眾夷六十六國，渡平海北九十五國。

這裡的「祖禰」指的是「祖父禰」，而「禰」是雄略天皇的祖父仁德天皇的名字。在中國古典的用法當中，「禰」是祭祀父靈的廟，因此至今為止的學說都不加思索地將「祖禰」解釋為「自祖先以來」，但其實這是錯誤的。正確來說，

書信中想要傳達的是仁德天皇的事蹟。（「禰」本來的意思是廟的建築物，或是安置在廟內的牌位，沒有用來指生前父親的例子）。

仁德天皇用武力征服的東方毛人五十五國應該是上毛野國（群馬縣）、下毛野國（栃木縣）代表的關東地方諸國。而西方眾夷六十六國則應該是九州諸國。之間的中部、近畿、中國、四國諸國在過去分成兩派，分別支持邪馬台國的女王和狗奴國的男王，但現在再度聯手，共同擁立仁德天皇為倭王。

這個倭王禰（仁德天皇）渡平的海北九十五國指的當然就是韓半島的諸國。在韓半島，佔領樂浪郡故地的高句麗王國於三九六年在故國原王的率領之下開始南下，試圖征服在帶方郡故地獨立的百濟王國。百濟王的太子貴須（近仇首王）與難波的仁德天皇結盟，承認仁德天皇為倭王，特別打造七支刀贈作信物。現存於石上神宮的七支刀上刻有三六九年的日期和下列銘文：

先世以來，未有此刀。百濟王世子，奇生聖音，故為倭王旨造，傳示後世。

就像這樣，仁德天皇的倭王地位是在三六九年獲得外國的承認，可以視為是河內王朝的建國之年。這就是畿內倭國的起源。

劉宋與河內王朝

得到倭國後援的百濟於三七一年與高句麗再戰，殺了故國原王。二十年後的三九一年，倭國首次大規模介入韓半島。根據高句麗「廣開土王碑」的記載：

倭以辛卯年來渡海，破，百殘、□羅（新羅），以為臣民。

這無疑就是倭王武於書信中寫到的祖父禰「渡平海北九十五國」。百濟原本是高句麗的屬民，「倭破百濟以為臣民」是高句麗站在自己的立場所寫。實際上倭軍的行動是與百濟聯手結成對抗高句麗的戰線，壓制高句麗派的新羅。之後，倭、百濟的聯軍一直到四〇七年為止，不斷地在韓半島與高句麗軍戰鬥。

倭王禰（仁德天皇）大約就是在四〇七年左右死去，「廣開土王碑」沒有記載四〇七年之後的戰爭。

這些從倭王武的書信或「廣開土王碑」中可以看出的日本列島內諸國的武力征服，在《日本書紀》〈仁德天皇紀〉當中卻完全沒有相關記載。

相反的，書中記載的是以難波為首都修建高津宮、在宮北挖堀江將大和川的水排出大阪灣、築茨田堤防止淀川氾濫、在都內開大道，從南門一直到舟比邑、在感玖挖大溝灌溉原野、開墾四萬餘頃的田地等有關河內國（大阪府、兵庫縣東南部）的開發事項，以及仁德天皇於生前修建百舌鳥耳原陵當作自己的墓等，全部都是一些符合王朝建國君主形象的事蹟。

四一二年，高句麗的廣開土王死去，高句麗與倭達成和解。翌四一三年，高句麗長壽王的使者與仁德天皇之子倭王讚（履中天皇）的使者一同訪問位於南京的東晉朝廷。這時握有東晉朝實權的將軍劉裕於四二〇年自行稱帝，開創宋朝，即宋武帝。

這個劉宋朝與河內王朝的倭國，在倭王讚之弟倭王珍（反正天皇）、倭王濟（允恭天皇）、倭王濟之子倭王興（安康天皇）、倭王武（雄略天皇）期間的二世代，歷經五王，維持友好關係。

從畿內向東西擴展

《日本書紀》〈雄略天皇紀〉當中有幾段顯示河內王朝向東西擴展的紀錄。其中之一是播磨國（兵庫縣西南部）文石小麻呂的故事。播磨國御井隈一個名叫文石小麻呂的人，力氣大膽子也大。他擋住旅人的通行和商船的航行搶奪財物，不遵守倭國的法律。天皇於是派遣春日小野臣大樹率勇士百人燒了文石小麻呂的家。結果從濃煙中衝出一頭好似一匹馬的大白犬，攻擊大樹臣。大樹臣拔刀砍去，白犬變回了文石小麻呂。

七支刀
保存在奈良石上神宮的神庫裡。表面刻有太和四年（三六九年）的年分，背面刻有「先世以來　未有此刀　百濟王世子　奇生聖音　故　為倭王旨　造　傳示後世」的二十七字銘文。

另外一個是伊勢（三重縣北部）朝日郎的故事。天皇派遣物部菟代宿禰、物部目連前往征討伊勢的朝日郎。朝日郎在青墓迎擊。朝日郎是一名神射手，射出的箭可以穿過雙層鎧甲。物部菟代宿禰下面的倭軍無人敢進攻，就這樣過了二天一夜的時間。目連於是親自拿起大刀，命部下的大斧手持盾，二人一起進攻。朝日郎放的箭射穿了大斧手的盾和雙層鎧甲，刺進身體。目連趁著大斧手幫他掩護的空檔斬殺了朝日郎。

在日本列島與征服東鄰伊勢、西鄰播磨的河內王朝倭國並駕齊驅的大國是紀伊國（和歌山縣、三重縣南部）和吉備國（岡山縣、廣島縣東部）。從《日本書紀》〈雄略天皇紀〉的幾段記載當中也可以看出這樣的態勢。

其中之一是吉備下道臣前津屋的故事。雄略天皇身邊的吉備人侍從暫時回國，卻被前津屋給留了下來。天皇遣使召回了侍從，侍從回來後如此報告：

前津屋，以小女為天皇人、以大女為己人，競令相鬪，見幼女勝、即拔刀而殺。復，以小雄雞呼為天皇雞，拔毛剪翼，以大雄雞呼為己雞，著鈴、金距，競令鬪之，見禿雞勝，亦拔刀而殺。

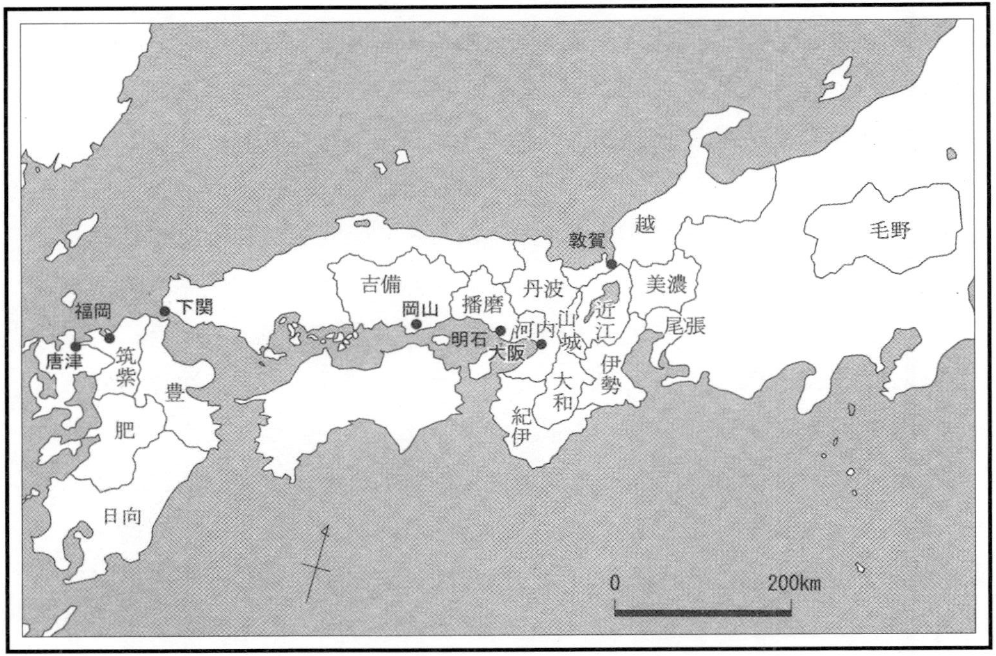

河內王朝時代的倭國地圖

天皇聽了之後派遣物部的兵士三十人，殺了前津屋和其一族七十人。

從這段記載當中可以看出，吉備國與畿內的倭國屬於相互競爭的對手。

另外一段是吉備上道臣田狹的故事。

雄略天皇聽聞田狹妻子稚媛的美貌，於是任命田狹為任那國司，派遣至韓半島，趁他不在的時候召見稚媛。聽到這個消息的田狹向新羅求助。這時，由於新羅與倭國不和，天皇於是派遣田狹和稚媛生下的弟君討伐新羅。弟君進入百濟，準備從這裡前往新羅，但新羅國的神化身為老女，騙他說路途遙遠，弟君於是放棄討伐新羅，回到了百濟。田狹知道後很高興，派遣密使告訴弟君：「跨據百濟，勿使通於倭國。吾者據有任那，亦勿通於倭國。」弟君的妻子樟媛看不慣這樣的做法，於是暗殺了丈夫。

這段記載顯示吉備國與倭國不僅是競爭關係，介入韓半島更是倭國和吉備國的共同事業。

與倭國通力合作介入韓半島的不僅是吉備國，紀伊國也是與倭國對等的合作者，〈雄略天皇紀〉中有下列這一段記載。

雄略天皇打算親自出征討伐新羅，但在神明的告誡之下放棄，改派紀小弓宿禰、蘇我韓子宿禰、大伴談連、小鹿火宿禰出征。由於小弓宿禰喪妻不久，天皇於是將吉備上道采女大海賜給小弓宿禰，一起出征。然而，談連戰死，小弓宿禰病死。小弓宿禰之子紀大磐宿禰聽聞父親的死訊趕往新羅，從小鹿火宿禰手中奪走了指揮權。小鹿火宿禰因此記恨大磐宿禰，韓子宿禰也對大磐宿禰有了疑慮。

百濟王聽聞倭國將軍們不和，為了調解而找來了將軍們。將軍們在前往百濟首都的途中，在河邊相遇互鬥，大磐宿禰射殺了韓子宿禰。

采女大海帶著夫君小弓宿禰的遺體回國，向倭國的大伴室屋大連尋求埋葬之地。天皇對室屋說道：「又汝大伴卿，與紀卿等，同國近隣之人」，於是在河內南部靠近紀伊的田身輪邑作墓。小鹿火宿禰在陪同小弓宿禰的遺體回國途中向室屋說道：「僕不堪共紀卿奉事天朝。」於是留在角國（周防國都濃郡、山口縣南部、東部），成為了角臣。

這個紀小弓宿禰之墓的由來顯示出倭國的河內王朝與紀伊國的紀氏族處於對等的關係。

同樣根據〈雄略天皇紀〉的記載，雄略天皇與吉備的稚媛之間生有磐城皇子和星川皇子二人。葛城圓大臣之女韓媛則生下了清寧天皇。

根據《日本書紀》〈清寧天皇紀〉的記載，雄略天皇死時，吉備的稚媛與

1. 河內王朝

1 仁德天皇
- 2 履中天皇（讚）
- 3 反正天皇（珍）
- 4 允恭天皇（濟）
  - 5 安康天皇（興）
  - 6 雄略天皇（武）——7 清寧天皇

2. 播磨王朝

- 2 仁賢天皇——3 武烈天皇
- 1 顯宗天皇

兒子星川皇子共謀，準備奪取王位，首先佔據了大藏。大半室屋大連動員兵士包圍大藏，放火燒殺了吉備派。吉備上道臣等得知倭國發生內亂，於是派遣軍船四十艘向倭國前進。然而，聽聞星川皇子被殺，中途返回。就這樣，清寧天皇即位。

清寧天皇沒有兒子，五世紀末清寧天皇死後，河內王朝的血統中斷。

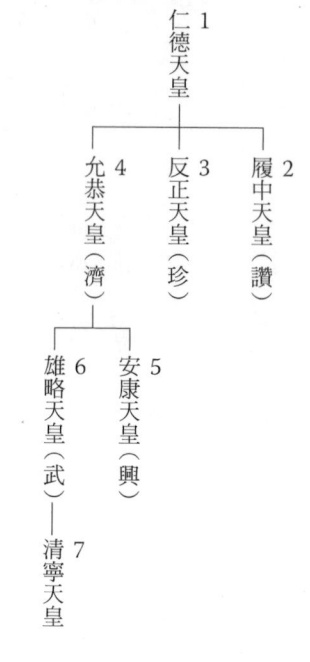

播磨王朝和越前王朝

清寧天皇的皇后飯豐女王即位成為倭王，死後由飯豐女王的兄長、出身播磨國的顯宗天皇當上倭王，建立播磨王朝。顯宗天皇之後是由他的兄長仁賢天皇繼位，仁賢天皇的兒子

3. 越前王朝

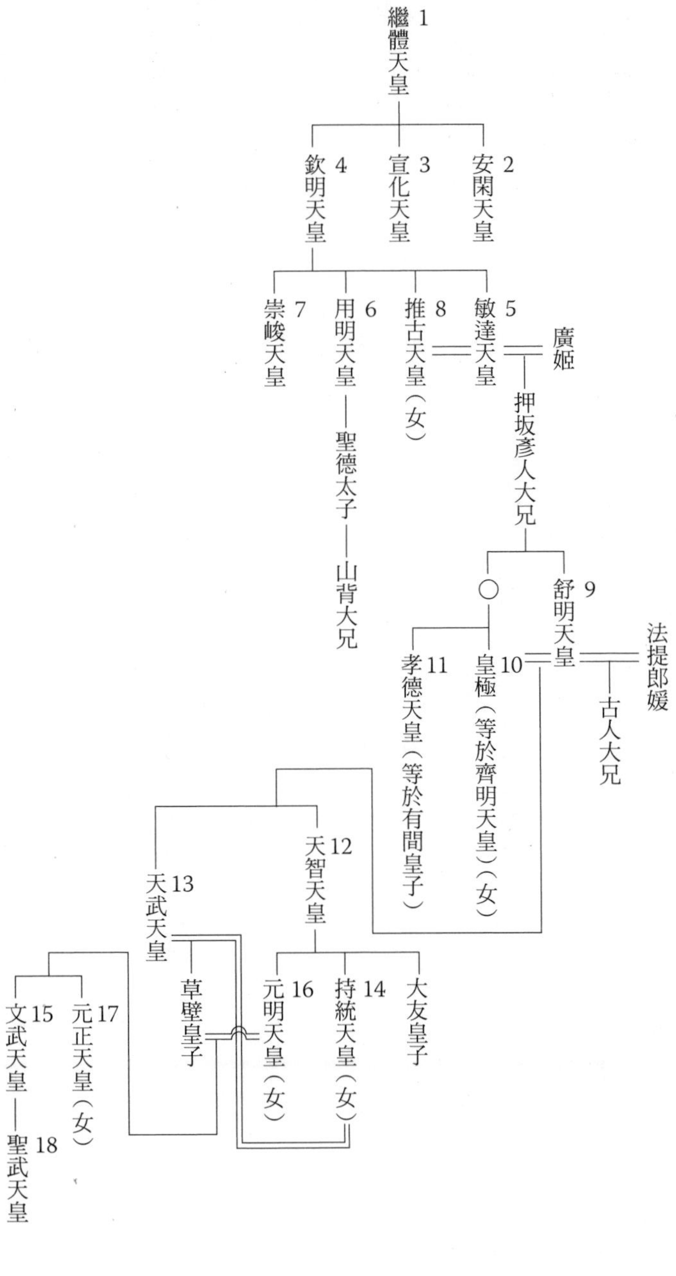

1 繼體天皇
2 安閑天皇
3 宣化天皇
4 欽明天皇
5 敏達天皇
廣姫
8 推古天皇（女）
6 用明天皇
7 崇峻天皇
聖德太子
山背大兄
押坂彥人大兄
○
9 舒明天皇
法提郎媛
古人大兄
10 皇極（等於齊明天皇）（女）
11 孝德天皇（等於有間皇子）
12 天智天皇
13 天武天皇
草壁皇子
16 元明天皇（女）
14 持統天皇（女）
大友皇子
15 文武天皇
17 元正天皇（女）
18 聖武天皇

武烈天皇於五〇七年死後，播磨王朝的血統也中斷。

繼承倭國王位的是出身越前（福井縣中部、北部）三國坂中井的繼體天皇，開創了越前王朝。

繼體天皇是與仁賢天皇的女兒手白香皇女結婚而當上倭王。繼體天王和手白香皇女之間生下的是欽明天皇，在兩位同父異母兄長（安閑天皇、宣化天皇）之後繼承王位，成為倭王。

就算是到了欽明天皇的年代，倭國的統治權還是僅限於王朝發祥地的越前地方，距離日本列島的統一還很遙遠。

從《日本書紀》〈欽明天皇紀〉下列這段記載中可以看出這個狀況。

越前人向倭國的朝廷告發：「高麗使人，辛苦風浪，迷失浦津，任水漂流，忽到着岸。郡司隱匿、故臣顯奏。」天皇於是派遣膳臣傾子前往越前接待使節團。高句麗的大使知道膳臣是倭國的使者，於是向道君說道：

> 汝非天皇，果如我疑。汝既伏拜膳臣，倍復足知百姓。而前詐余，取調入己。宜速還之，莫煩飾語。

膳臣聽聞後拿回了貢品，還給了使者。

令人懷疑的推古天皇事跡

欽明天皇與皇后石姬皇女（宣化天皇之女）所生的次子為之後的敏達天皇。根據《日本書紀》的記載，敏達天皇之後由同母異父的弟弟用明天皇繼位，用明天皇之後又是同母異父弟弟的崇峻天皇繼位。崇峻天皇遭到暗殺之後，由用明天皇的同母異父妹妹，同時也是敏達天皇未亡人的推古天皇成為女王，用明天皇的兒子，同時也是推古天皇姪兒的聖德太子以皇太子的身分擔任攝政。《日本書紀》將推古天皇的治世記載為五九二至六二八年，但這個倭國女王的年代和事跡卻非常可疑。

根據同時代六三六年唐朝編纂的《隋書》〈東夷列傳〉記載，六〇〇年，一位姓阿每、字多利思比孤、號阿輩雞彌的倭王，派遣使者前往隋朝，這個王的妻子號雞彌，太子的名字則是利歌彌多弗利。很明顯這是一位男王，既不是推古天皇，也不是聖德太子。接下來的六〇八年，倭王多利思比孤又遣使前往隋朝。翌六〇九年，隋煬帝派遣裴清出使倭國。這時裴清面見的倭王是一位男王。因此，《日本書紀》想必是為了隱瞞某一個重大事實，才會故意捏造這個時期擔任倭王的是女王推古天皇。

推古天皇死後繼位的倭王是敏達天皇的孫子舒明天皇，而且他並非推古天皇的血脈。再加上舒明天皇死後不久，聖德太子之子山背大兄王被殺，如此看來，《日本書紀》中關於推古天皇和聖德太子的記述，恐怕反映出了舒明天皇奪取倭國王位背後的黑暗內情。下令編纂《日本書紀》的是舒明天皇的兒子天武天皇，因此如此推論是再自然不過的結果。

根據《隋書》的記載，六〇九年訪問倭國的隋朝大使裴清從百濟經過都斯麻國抵達一支國，再抵達竹斯國，之後又到了秦王國，當地的住民是中國人。從秦王國經過十餘國，最終抵達倭國海岸，在這裡受到數百人的歡迎，進入倭國的首都邪靡堆，面見倭王。

這些途中的諸國，竹斯國以東諸國皆是倭國的附庸，也就是同盟國。從這裡可以看出，日本列島內部尚且不是統一國家，畿內的倭國充其量不過是倭人諸國中最有實力的一國。同時也可以看出，諸國當中也有以中國人為主的國家。

❖ 七世紀後半日本誕生

「日本」與「天皇」的起源

倭國的政治史於六二九年舒明天皇即位之後，終於進入歷史時代。六四一年舒明天皇死後，由皇后皇極，也就是皇極（齊明）天皇即位成為女王。不久後的六四五年，她將王位讓給弟弟孝德天皇，自稱皇祖母尊。

《日本書紀》〈孝德天皇紀〉記載，當時，舒明天皇與皇極（齊明天皇）之間生下的長子天智天皇擔任皇太子，實施了所謂的「大化改新」。然而，這不過是將六六三年白村江（錦江）敗戰後天智天皇所實施的日本建國事業改了年代，提前寫成是「大化改新」的內容。

到了六五四年，皇祖母尊皇極（齊明天皇）拋下孝德天皇移到大和的飛鳥。孝德天皇後來死在難波的京城，皇極（齊明天皇）因此回歸倭國王位。

六六〇年，唐朝與新羅聯手滅了百濟。由於百濟是倭國自河內王朝以來的同盟國，皇極（齊明天皇）於是決定復興百濟，翌六六一年，將宮廷從難波走海路搬到了博多。然而壯志未酬，皇極（齊明天皇）卻在該年內於博多死去。

皇太子天智天皇繼續留在博多指揮作戰，但六六三年，倭軍的艦隊於白村江口的海戰中被唐朝的艦隊殲滅，作戰失敗，倭人被趕出了韓半島。

為了防禦外敵，天智天皇於是立刻著手進行統一日本列島。他將首都移到近江的大津，並制定成文法典《近江律令》。當中規定，倭王今後對外自稱「明神御宇日本天皇」。

這就是國號「日本」與王號「天皇」的起源。

日本列島內諸國自發性解體，與舊倭國聯合，逐漸形成新的日本國。就這樣，天智天皇於六六八年於首都大津即位，成為了最初的日本天皇。這就是日本的誕生。

二年後的六七〇年，建立了最初的戶籍，六七一年，任命太政大臣、左大臣、右大臣、御史大夫以下的中央政府官職，實施《近江律令》。

六七〇年，被派到新羅的阿曇連頰垂是第一位對外國稱日本國的使者。

天智天皇於六七一年死後，日本國分裂。天智天皇的兒子，同時也是當時太政大臣的大友皇子佔據大津，而天智天皇的弟弟天武天皇則佔據飛鳥，相互對立。翌六七二年，天武天皇離開飛鳥，經由伊賀、伊勢前往美濃，事態逐漸發展成為內戰。這就是所謂的「壬申之亂」。結果，大友皇子敗戰自殺，翌六七三年，天武天皇即位成為日本天皇。

《日本書紀》的創作

新生的日本國需要作為新自我認同基礎的歷史。天武天皇於六八一年，召集皇族六人與貴族六人組成委員會，下令「記定帝紀及上古諸事」。就這樣開始編纂《日本書紀》。《日本書紀》於三十九年後的七二〇年完成。其內容將日本建國的年代放在了一千三百二十七年前，而非六六八年的天智天皇，主張日本列島自西元前六六〇年神武天皇即位以來，一直都是個統一的國家，由萬世一系的皇室統治，且否定日本建國受到中國或韓半島的影響。

仔細分析《日本書紀》的皇室系譜，在編纂當時的皇室祖先——越前王朝的系譜之前，加上了並非由父系聯結的河內王朝和播磨王朝的系譜。

顯宗天皇、仁賢天皇、武烈天皇的播磨王朝與越前王朝初代的繼體天皇間的聯結其實是繼體天皇與仁賢天皇的女兒結婚，因而繼承了倭國的王統，屬於女系繼承。然而，站在《日本書紀》的立場，只有男系繼承才是正統。於是，《日本書紀》將繼體天皇的祖先神，也就是敦賀氣比神宮的祭神寫作名為應神天皇的王，而繼體天皇是應神天皇的五世子孫，用古老假定的皇室來合理化男系繼承。

播磨王朝和其之前的河內王朝也並非男系繼承。由於河內王朝最後的清寧天皇沒有子嗣，於是由王妃飯豐女王繼承王位。女王死後，由她的兄長顯宗天皇繼位，開啟播磨王朝。這個王朝交替實際上也是女系的繼承。然而，男系主義的《日本書紀》不認同。關於播磨王朝的傳承，顯宗天皇是「於市邊宮治天下的押磐尊」的子孫。《日本書紀》將傳說中名為「押磐尊」的王改寫成河內王朝第二代履中天皇之子。並且將原本是「押磐尊」遠房子孫的顯宗天皇寫成是押磐皇子自己的兒子。就這樣，《日本書紀》用男系連接了河內王朝與播磨王朝。

在《日本書紀》編纂當時，河內王朝以前的倭國諸王系譜並沒有流傳下來。在仁德天皇於難波開創河內王朝之前，倭王家並不在畿內，當然也就沒有傳承下來。於是，《日本天皇》將越前王朝的祖先神寫作是應神天皇，當作是仁德天皇的父親，將皇室的系譜向前延伸。

此外，《日本書紀》將仲哀天皇和神功皇后夫妻寫作是應神天皇的雙親。二人也並非人類，而是六六一年，皇極（齊明天皇）為了復興百濟而停留在博多時於陣中顯靈的神明，是香椎宮祭祀的神明。《日本書紀》記述仲哀天皇和神功皇后從港口到港口遍歷海上，這反映了皇極（齊明天皇）隨著倭國宮廷，從難波航海至儺之津（博多）的史實。另外，《日本書紀》將神功皇后的本名寫作「氣長足姬」，這是將皇極（齊明天皇）的亡夫舒明天皇的本名「息長足日廣額」改成女性化的名字而來。

仲哀天皇在《日本書紀》當中被寫成是日本武尊的兒子。《日本書紀》中記述有關日本武尊的事跡與東國，尤其與伊勢、尾張、美濃有很深的關係，但這其實是以天武天皇的行動為腳本。在六七二年的壬申之亂當中，天武天皇從奈良逃至伊勢，在美濃（岐阜縣中部、南部）、尾張（愛知縣西半部）召集東國的軍隊，於近江（滋賀縣）的大津擊敗大友皇子的朝廷。

根據《日本書紀》的皇室系譜記載，第十代崇神天皇的兒子是第十一代的垂仁天皇，垂仁天皇的兒子則是第十二代的景行天皇。而景行天皇的兒子是日本武尊。《日本書紀》中有關這三代天皇的事跡，全部是以舒明天皇、皇極（齊明天皇）、孝德天皇、天智天皇、天武天皇時代實際發生的事件作為藍本。

關於崇神天皇之前的第二代綏靖天皇至第九代開化天皇之間的八代，《日本書紀》僅記載了系譜，幾乎沒有任何事跡。

《日本書紀》當中將神武天皇寫作日本的初代天皇。這個神武天皇在壬申之亂時，於大和的橿原顯靈，幫助天武天皇的軍隊。這段史實清楚記載於《日本書紀》〈天武天皇紀〉當中。另外，《日本書紀》中記載所謂「東征」的故事，內容寫到神武天皇從九州南部的日向前往大和的橿原，在那裡即位。故事中神武天皇自雄野上陸之後，經過吉野進入大和的路徑，與壬申之亂時天武天皇派軍隊前進的路徑一模一樣。

同樣在壬申之亂中，天武天皇在逃往東國的路上，在伊勢遙拜天照大神。中央此時才首度知道天照大神的存在。在《日本書紀》最初二卷〈神代・上、下〉的神話當中寫到，名為伊弉諾尊、伊弉冉尊的神明，結婚後首先產下日本列島，接下來又生下海、川、山、木之神、草之神。之後又生下主掌天下的日神，也就是天照大神。天照大神派自己的孫子天津彥彥火瓊瓊杵尊下降人間，來到日向高千穗的山峰。他的曾孫就是神武天皇。

就這樣，天照大神成為了《日本書紀》的神話主角，成為了皇室的祖先。這主要是取自天武天皇對於天照大神的信仰，進而成為了新生日本國自我認同的中心思想。

日本國和日本的歷史就此誕生。

第九章

神諭創造的「大和朝廷」

被發掘的太安萬侶之墓

太朝臣安萬侶之墓是在一九七九年被發現。由於同時出土了刻在銅板上的墓誌銘，證明這的確就是於七二三年死去的民部卿太朝臣安萬侶之墓。由於遺骨有火葬的痕跡，可見這位奈良朝的高官是一位虔誠的佛教信徒。

如果這個人真的是《古事記》的作者，那麼事情就有趣了。因為《古事記》是日本受到外國文化影響之前，雖然使用的是漢字，但用大和的語言傳達並表現了日本自古以來的精神。相對於此，《日本書紀》是以中國思想為基礎，依照中國人對國家的觀念，用漢文撰寫的書籍。

然而，如果《古事記》的作者是這位虔誠的佛教信徒，那麼傳統的概念全部都有可能被推翻。

不用擔心，事實上，《古事記》的作者並非太安萬侶。《古事記》是比太安萬侶更晚的九世紀平安朝初期時的偽作。日本最早的古典不是《古事記》，而是七二〇年完成的《日本書紀》。

《古事記》三卷的最開始，有一篇長的漢文序。這個序中記有「和銅五年正月二十八日」，也就是七一二年的日期，和「正五位上勳五等太朝臣安萬侶」的署名。太安萬侶的名字只有出現在這裡，本文當中沒有任何一個地方有作者的名字。序當中最有名的記載就是天武天皇命舍人稗田阿禮誦習史料，元明天皇命太安萬侶將史料整理成冊。

然而，關於這個《古事記》的序文有一點值得懷疑，一七六八年江戶時代的詩人賀茂真淵就已經提出質疑，認為這篇序文是時代比太安萬侶還晚的人所寫。如果這一篇序文是偽作，那麼就沒有任何證據聯結《古事記》三卷和太安萬侶，畢竟本文當中並沒有出現太安萬侶的名字。

《古事記》是偽書

《古事記》的內容充滿疑點，第一，當時朝廷的正式紀錄——《續日本紀》——記載了太安萬侶的事跡，當中卻沒有提及元明天皇命令太安萬侶編纂史書，也沒有他將《古事記》獻上的紀錄。如果《古事記》真的是敕撰的史書，那麼一定會留下紀錄。從《續日本紀》的紀錄當中看來，太安萬侶不過是位平凡的官僚，也沒有任何與歷史編纂相關的經歷。

第二，無論是奈良朝的哪一本書籍，都看不到《古事記》的名字，也沒有任何出自《古事記》的引用文。不過，《萬葉集》卷二中引用了《古事記》，描述輕大郎女之戀：「君之行　氣長久成奴　山多　都禰迎加將行　待爾可將待君」。然而，這與現在看到的《古事記》是不同的書籍。最好的證據就是，《萬葉集》引用的「君之行　氣長久成奴……」是混合了漢字的音讀和訓讀，而現在的《古事記》則是如「岐美賀由岐　氣那賀久那理奴」這般，僅有音讀。《萬葉集》當中，愈是年代久遠的和歌，愈有使用漢字的訓來標記日文的傾向，僅取漢字的音標記，則是年代表較新的和歌。像現在看到的《古事記》一般，完全用漢字的音來表示日文的每一個音節，代表年代較新。如此一來，在歌人大伴家持編纂《萬葉集》的八世紀後半，現今所見的《古事記》尚不存在。

第三，八一四年敕撰完成的《新撰姓氏錄》當中，許多氏族的由來都是仔細收集《日本書紀》當中的記事而來，但卻沒有一則取自《古事記》。這代表了就算到了平安朝初期，《古事記》依舊未被世人所知。

首先利用《古事記》來批評《新撰姓氏錄》的不是別人，正是太安萬侶的子孫多朝臣人長。多人長是當時數一數二的《日本書紀》學者，八一二年奉命教授朝廷高官們《日本書紀》。《弘仁私記》是多人長授課的紀錄，他在序文中猛烈攻擊《新撰姓氏錄》，批評沒有參照《古事記》簡直是不像話。

事實上，這是所謂由太安萬侶所著的《古事記》第一次出現在世間。而且，《古事記》當中，包括意富臣在內，許多於關從神武天皇分支出來的氏族，記述內容都非常不自然。意富臣也就是太安萬侶的太朝臣，多人長的多朝臣。

第四，《古事記》的內容比七二〇年的《日本書紀》還新。《日本書紀》的〈神代卷〉當中關於日本神話敘述，引用了許多不同的傳說，而出處都用「一書」來代表。然而，當中沒有任何一個傳說與《古事記》完全一致。反而是從《古事記》中可以看出綜合《日本書紀》和各種傳說的「一書」而成的內容。

另外，編纂《風土記》的命令是在七一三年下達諸國，相當於《古事記》序落筆年分的翌年。然而，編纂《風土記》是件費時的大事，所以七二〇年的《日本書紀》等不及《風土記》完成。因此，《日本書紀》當中幾乎沒有所謂出雲神話的內容，但《古事記》當中的出雲神話卻很豐富。很明顯是參照了《風土記》，例如有名的大國主命和因幡的白兔神話，就是出自《因幡國風土記》，而《日本書紀》並沒有記載這一則神話。

大國主命這一個出雲之神在《古事記》中被推崇成是創造葦原中國（日本列島）的神明，記載了許多關於這一個神明的有趣故事。然而，關於天照大神的弟弟素戔嗚尊被逐出天上，降落出雲，生下兒子大己貴神（大國主命）的故事，以及皇室祖先從天上降落人間的時候，大己貴神讓出日本列島引退的故事等，《日本書紀》當中都沒有提及。甚至連大己貴神的別名是大國主神這一點都沒有出現在《日本書紀》的本文當中，僅出現在引用的「一書」當中。

也就是說，《古事記》並非太安萬侶於七一二年編纂的著作，而是約百年之後，多人長根據《日本書紀》和其他資料編造而成，為的是主張自己氏族的由來比《新撰姓氏錄》所寫的高貴。這一點與八〇七年由齋部廣成編纂的《古語拾遺》相似。齋部是自古以來負責朝廷祭祀的氏族，但隨著中臣氏的勢力擴張，齋部氏面臨失去祭祀權的危機。齋部廣盛向平城天皇提出的陳情書就是《古語拾遺》，記載了自己氏族的傳承，主張自古以來的權利。

《古事記》在文學上的價值無庸置疑，被評為是平安朝文學傑作這一點不假，雖然適合用來追求日本古代的浪漫夢想，但對於追究日本古代真相卻沒有任何幫助。這一點必須從《日本書紀》著手。

有如此多的證據證明《古事記》是偽作，但卻仍有許多人拒絕公開承認，主要是情感上的理由。以本居宣長[1]為首的江戶時代國學者們主張，日本自古以來就有屬於自己的純潔文化，但卻在接觸中國文明之後遭到汙染，只要排除中國的影響，那麼古代日本的高貴精神就可以再度發出光芒。

本居宣長以幫《古事記》做注的形式，撰寫了《古事記傳》四十四卷。書中，本居宣長將《古事記》視為純粹是用倭語寫成的書籍，將實際上用漢文寫成的《古事記》，盡量翻譯成古代的倭語。就這樣，本居宣長寫成的就是現在通用的《古事記》。這本《古事記》完全失去了原本的樣子，只是一些原本就不存在的文章。然而，本居版的《古事記》卻將錯誤的偏見植入一般人的心裡。為此，「率先完成的《古事記》表現出了日本原有樸實真誠的一面，而後來完成的《日本書紀》卻染上了中國的色彩，失去古老傳承的真正樣子」這種錯誤說法，至今依舊橫行。[2]

❖ 追溯傳說時代的天皇

《日本書紀》不僅僅是史書

綜合上述所說，《日本書紀》是日本最古老的歷史書物。然而，雖然是最老的古典，但不代表當中所寫的內容都是事實。

尤其《日本書紀》不僅僅是史書。天武天皇從六八一年開始著手國史的編纂事業，經過三十九年的時間，在孫女元正天皇的時候完成。其成果就是《日本書紀》三十卷。

這時剛好是日本正在建國的時期。無論如何，最初出現「天皇」這個王號的確切史料是於松岡山古墳出土、六六八年的「船首王後墓誌銘」，而「日本」這個國號是在六七〇年阿曇連頰垂出使新羅時，首度被國外所知。

1 〔編註〕本居宣長（1730-1801），原姓小津，名榮貞，別名健藏，號華風、芝蘭、春庵、舜庵、鈴屋。日本江戶時代的思想家、語言學家。日本國學的集大成者，與荷田春滿、賀茂真淵及其後的平田篤胤齊名。

2 〔原註〕關於《古事記》的偽作論證，可以進一步參考鳥越憲三郎《古事記是偽作嗎？》（朝日新聞社）、大和岩雄《古事記成立考》（大和書房）、岡田英弘《倭國的時代》（朝日文庫）。

從這個墓誌銘所見，最初的「日本天皇」是天智天皇，而天智天皇舉行即位式的六六八年，應該就是日本的建國年分。

天智天皇於六六一年隨母親齊明天皇移居九州，為了復興前年被唐、新羅聯軍所滅的百濟王國努力。然而，齊明天皇在北九州死去之後，救援百濟的倭軍於六六三年在白村口被唐、新羅聯軍擊潰，倭人有史以來第一次被趕出了韓半島。日本建國是鞏固日本列島住民的團結、渡過危機的上上之策。

在這樣的時期，而且是由用實力打倒兄長天智天皇之子大友皇子，進而取得皇位的天武天皇開始著手編纂的國史，因此，《日本書紀》當然不可能僅僅是單純記錄事實、忠實傳承古老傳說而已。由於是作為建國事業一環的歷史編纂，因此盡量避免提及對現政權不利的話，多記錄對自己有利的事情。

尤其這是日本列島第一次編纂史書，關於歷史真相為何尚且沒有一個定論，因此可以放膽創作。對於近代的傳說可能無法自由創作，但對於遠古時代，想怎麼寫就怎麼寫。仔細閱讀《日本書紀》會發現，其實這樣的傾向非常明顯。

《日本書紀》三十卷當中，最初的二卷是〈神代〉，由於原本就不是人類的歷史，對於考證古代的真相沒有任何幫助。基本上，神話反映的都是撰寫當時的現實，而非保存古早時代的記憶。反而是記述人類世界歷代王者的故事，更

皇室系譜

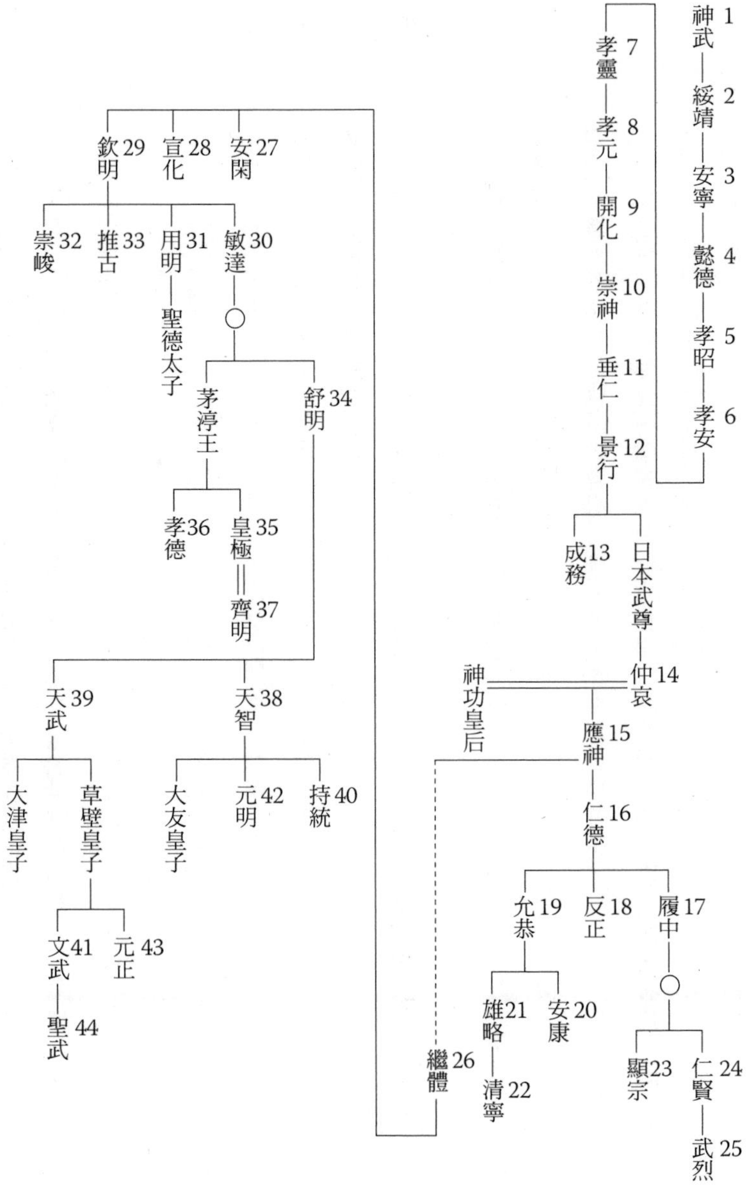

神武 1
綏靖 2
安寧 3
懿德 4
孝昭 5
孝安 6
孝靈 7
孝元 8
開化 9
崇神 10
垂仁 11
景行 12
成務 13
日本武尊
仲哀 14
神功皇后
應神 15
仁德 16
履中 17
反正 18
允恭 19
安康 20
雄略 21
清寧 22
顯宗 23
仁賢 24
武烈 25
繼體 26
安閑 27
宣化 28
欽明 29
敏達 30
用明 31
崇峻 32
推古 33
聖德太子
舒明 34
茅渟王
皇極 35
孝德 36
齊明 37
天智 38
天武 39
持統 40
元明 42
大友皇子
草壁皇子
大津皇子
文武 41
元正 43
聖武 44

有可能殘留古早時代的痕跡。然而，如果連這些王者都是虛構的，那就無能為力了。於是，以天智、天武兄弟為出發點，向上追溯《日本書紀》中記載的四十人天皇與皇后的系譜，其結果如下。

王系的斷點

首先，天智、天武兄弟的父親，也就是於六二九年即位倭王的第三十四代舒明天皇，是歷史上毫無疑問實際存在的天皇（這裡稱作天皇僅是依照《日本書紀》的寫法，當時尚未有天皇號）。

然而，從再前一代的第三十三代推古天皇開始就很可疑。《日本書紀》當中，這位女王於五九二至六二八年在位。然而，根據中國的紀錄，剛巧在這一個時期，於六〇〇至六一〇年擔任倭王的是一個姓阿每、名多利思比孤、號阿輩雞彌的男王，他有一個號雞彌的妻子，另外也有太子。六〇九年隋朝皇帝派遣訪問倭國的使者曾親自面見過這個王，因此不會有錯。

光是從這一件事就可以看出，舒明天皇之前的時代屬於史前傳說時代。也就是說，推古天皇的事跡和年代不值得信任，但當中卻含有很深的政治意涵。會這麼說是因為，舒明天皇其實不是倭王之子，《日本書紀》本身都有記載為了王位發生爭鬥的事情。根據當中的記載，舒明天皇的祖父是第三十代的敏達天皇，敏達天皇死後沒有將王位傳給兒子，而是由弟弟用明天皇和崇峻天皇擔任王位，後來又傳給了用明天皇的未亡人推古天皇。這代表從舒明天皇起開始了新的朝代。

在此之前的王朝是從敏達、用明、崇峻三兄弟的祖父，也就是第二十六代的繼體天皇開始。由於當時倭國王家男系血統中斷，於是從越前三國迎來仁賢天皇的王女，而繼體天皇是因為與她結婚才成為倭王。這裡又是另一個王系的斷點。

之前的斷點是第二十二代的清寧天皇與二十三代顯宗天皇之間。清寧天皇沒有子嗣，於是指定由從播磨收養的仁賢、顯宗兄弟為繼承人，而這兩兄弟的父親並非倭王。首先由弟弟顯宗天皇即位，之後是哥哥仁賢天皇即位，仁賢天皇的兒子武烈天皇也沒有子嗣，這個王朝在此中斷。

這些播磨王朝之前的倭王們分別是仁德、履中、反正、允恭、安康、雄略、清寧七代的河內王朝。這些王朝的真實性從一九〇〇年於稻荷山古墳出土的鐵劍上的銘文，得到戲劇性的證實。

換句話說，如果將銘文上的「辛亥年」視為四七一年，則相當於中國

《宋書》所說的倭王武的年代，倭王武被認為是第二十一代的雄略天皇。《日本書紀》將雄略天皇的本名寫作「幼武」，是銘文上「獲加多支鹵大王」（wakatakeru）的漢譯。《日本書紀》的可信度因此一下子提升也是無可厚非的事。然而，麻煩的是《日本書紀》中的雄略天皇住在泊瀨朝倉宮，而並非銘文上的斯鬼宮（shikinomiya）。另有一說是將銘文上的「辛亥年」視為五三一年，則這個大王是第二十九代的欽明天皇。因為欽明天皇曾住在磯城島金刺宮（shikishimanokanasashinomiya）。然而，這一種說法似乎太過抬舉《日本書紀》的史實性。沒有規定倭王只能有一個住處。反而是到處都有王的土地、財產，各地皆有妻子和住家，而王往來各個住處這樣的說法比較自然。又或者可能是雄略天皇也有名為斯鬼宮的住處，而欽明天皇改建後繼續住在這裡。《日本書紀》當中記載的王宮不見得就是全部的王宮。

最古的倭王——仁德

就算不論稻荷山古墳的鐵劍銘，也很少有人對河內王朝的倭王實際存在這點持反對意見。這是因為《宋書》當中出現的讚之弟是珍、濟之子是興、興之弟是武的順序與《日本書紀》的履中、反正、允恭是兄弟，允恭的兒子是安康、

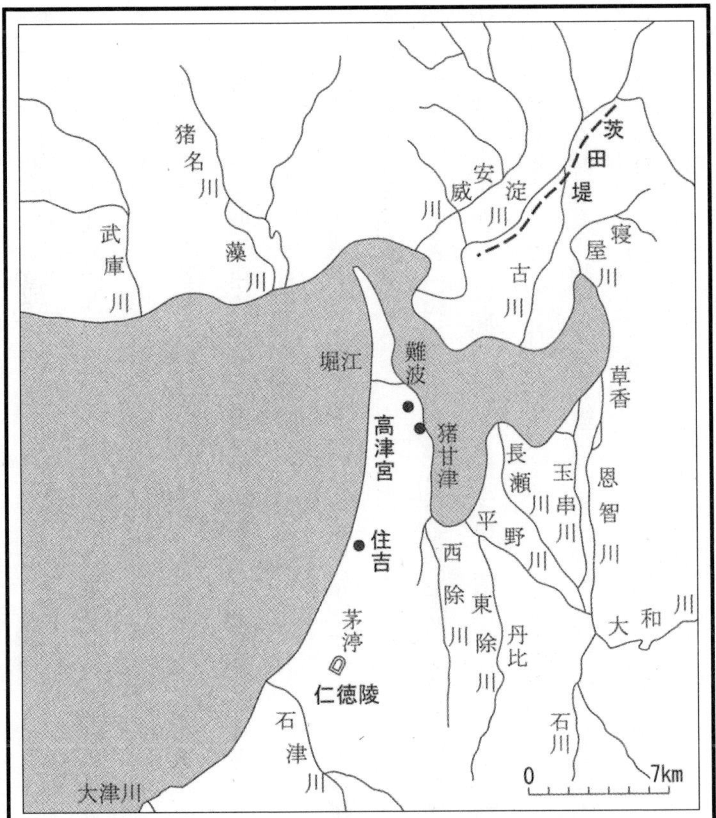
猪名川
武庫川
藻川
安威川
淀川
茨田堤
寝屋川
古川
堀江
難波
草香
高津宮
猪甘津
長瀬川
玉串川
恩智川
住吉
平野川
西除川
東除川
丹比
茅渟
仁德陵
大和川
石川
石津川
大津川
0
7km

古代的河內

雄略的記述一致。履中、反正、允恭三兄弟的父親是第十六代的仁德天皇，可以從三個地方推斷仁德天皇是實際存在的倭王。

第一，倭王武於四七八年寫給中國劉宋朝的書信當中提到「祖禰」，也就是自祖父「禰」的世代以來，不斷進行海內、海外的征戰。因此，最起碼在讚、珍、濟之前還有一代倭王。

第二，三六九年百濟王世子貴須贈予倭王七支刀，可見當時已經有倭王。這時剛好是相當於讚的父親的世代。

第三，《日本書紀》當中記載有關仁德天皇的故事具有建國傳說的性質，從內容可以看出他是後世人們記憶當中最古老的倭王。

會這麼說是因為《新古今集》當中著名的和歌「登上高樓望世間，民家蕭煙爭上天」，描述的是仁德天皇為了拯救貧苦的百姓，三年間免除課役，不讓人修繕宮殿的故事。

這是在記述奉行儒教聖帝的德政時經常會看到的美談，但實際上這是在難波修繕高津宮的由來。接下來又記載了在宮北上町台地開鑿堀江、促進大和川的排水、修築茨田堤防止淀川氾濫、開拓從難波京南門至丹比邑間的大道、在南河內進行灌溉工程開墾大農園等，進行了許多建國的國土改造工程。

這些是否都是在仁德天皇的時代進行的工程令人質疑，但最起碼可以看出在《日本書紀》編纂當時的日本人，都有著仁德天皇是河內建國大王的這一種印象。

❖ 並非實際存在的天皇的真面目

應神天皇以前的天皇並不存在

然而，《日本書紀》中記載為仁德天皇父親的應神天皇，其實不是實際存在的人物。

其證據就是，當中僅記載繼體天皇是應神天皇的五世子孫，卻沒有中間世代的名字。再加上應神天皇傳說與越前角鹿（敦賀）的笥飯大神交換名字，擁有與神同樣的名字，也就代表他是神。此外，《日本書紀》當中僅有這一個天皇沒有御陵，也就是說應神天皇沒有墓。

〈雄略天皇紀〉中有一段故事，記載河內國飛鳥戶郡的田邊史伯孫在譽田陵下看到一個騎著駿馬的人，他和那個人交換馬，到了早上這匹馬變成了土馬。譽田是應神天皇的本名，但〈雄略天皇紀〉寫的是「譽田陵」而非「譽田天皇陵」，且《日本書紀》當中，「陵」字的用法並不限於天皇之墓。在現在，這個譽田陵被認為是應神天皇陵，那是因為比《日本書紀》晚、於九二七年完成的《延喜式》如此寫道的關係，但應神天皇原本並沒有御陵。除此之外，〈應神天皇紀〉中幾乎沒有以天皇為主角的故事，也顯示出這個天皇是神而不是人。

仲哀、神功天皇是海神

《日本書紀》中成為應神天皇雙親的是第十四代的仲哀天皇和妻子神功皇后。二人結為夫妻後，顯露出海神的性格。

所有的記述都是二人從港口至港口在海上移動，且關於神功皇后遠征新羅，是海中浮起一條條的大魚支撐船隻，海浪順著船隻衝向遙遠的新羅國，讓新羅國王投降。

不用說，仲哀和神功夫妻原本就是福岡香椎宮的神明，是海神。這是海神變成人類的王，而不是王死後被當作神明祭祀。而且，這二柱神出現的年代很新，只能是六六〇年百濟滅亡、六六一年齊明天皇的北九州出征與死亡，以及六六三年白村江戰敗的時期。

會這麼說是因為，仲哀與神功夫妻住在儺縣的橿日宮，齊明天皇也住在娜大津的磐瀨行宮，移居朝倉宮後死去。神功皇后和齊明天皇都在丈夫死後與新羅為敵，指揮作戰，而神功皇后的本名「氣長足姬」是將齊明天皇的亡夫舒明天皇的稱號「息長足日廣額」寫成女性化的名字而已。

只能解釋成齊明天皇和天智天皇位於北九州的大本營，由於異常緊張的情勢，因此神明降臨。

有趣的是，《日本書紀》將神功皇后描寫成傳達神明旨意的巫女類型的人物。仲哀天皇在橿日宮計劃討伐熊襲，而神明附身神功皇后，透過她的口阻止。神答應賜予位於海的另一邊的新羅國，要天皇祭祀自己。天皇登上高山眺望大海，但卻看不到國家。聽到天皇如此說，神明於是又附身皇后，說道如果天皇不相信的話，那就賜予皇后胎中之子。天皇依舊執意征討熊襲失敗，回到橿日宮後突然死去。

皇后進入齋宮自己成為神主，命武內宿禰撫琴，喚中臣烏賊津使主為審神者。經過七天七夜，天照大神、稚日女神、事代主神、住吉三神相繼借皇后之口報上名字，接受祭祀。想必這是在描述在齊明天皇的大本營內，仲哀和神功二神第一次顯現在人間的情景。

❖ 神武以來十六代是七世紀的投影

神武就是天武天皇

標題會這麼說是因為《日本書紀》記載的第一代倭王神武天皇，就是在這樣的狀況下被人類世界所知。

根據〈天武天皇紀〉的記載，六七二年壬申之亂時，天武天皇為了逃離近江朝廷的壓迫於是逃出吉野，越過伊賀出伊勢，遙拜天照大神，進入尾張、美濃，動員二國的兵力。另一方面在大和，天武這一邊的大伴連吹負布陣飛鳥京，被近江軍打敗逃往墨坂，在這裡與從伊勢而來的援軍相會，一起退回金綱井。

在這裡重整態勢，但當地高市郡大領的高市縣主許梅突然不能說話。三日後神明附身，稱：「吾者高市社所居，名事代主神，又牟狹社所居，名生靈神者也」，說道：「於神日本磐余彥天皇（神武天皇）之陵奉馬及種々兵器」，又說道：「吾者立皇御孫命之前後以送奉于不破而還焉。今且立官軍中而守護之」，又叮囑：「自西道軍眾將至之。宜慎也。」說完後許梅就恢復意識。許梅立刻祭拜神武天皇陵，近江軍就真的從西面攻了過來。吹負大敗敵軍，反而向河內進軍，佔領難波，壬申之亂最終以天武天皇的勝利落幕。

然而有趣的是，〈神武天皇紀〉中所見征服大和的故事，與這個壬申之亂的史實非常接近。在熊野山中迷路的神武天皇在天照大神派遣的八咫烏帶路的幫助之下，大伴氏的遠祖道臣命帶頭出宇陀，在這裡擊敗敵軍，留下「神風拂兮伊勢海，海上大石細螺蝕，似細螺兮吾子民，若螺蝕兮襲此丘，猛擊襲兮取其敵，猛擊襲兮取其敵」之歌。

接下來越過墨坂大敗敵軍，與長髓彥對陣，這時飛來了一隻金色的靈鵄。長髓最終被友軍所殺，征服大和的事業就此完成。神武天皇與事代主神的女兒結婚，於大和的橿原宮即位。

在明治以前，前往伊勢祭拜天照大神的天皇只有神武天皇一人。

神武天皇受到天照大神的幫助而歌詠「神風拂兮伊勢海」，其實是因為神武天皇就是天武天皇。如此一來，大伴氏遠祖的道臣命無疑就是大伴連吹負，而金色的靈鵄就是於金綱井出現的神明。至於被友軍所殺的長髓彥除了是戰敗自殺的大友皇子之外別無他人。首先將神武天皇帶到人間的事代主神當然就是神武天皇的岳父，即位之地是高市縣主故鄉的橿原也就不是什麼不可思議的事。

簡單來說，《日本書紀》記載的神武天皇的事蹟，大致上都是以壬申之亂中天武天皇的行動為藍本創作出來的故事，在六七二年以前，甚至沒有人知道神武天皇的名字。

日本武尊也是天武天皇

說到這裡，《日本書紀》中被寫作是仲哀天皇父親的日本武尊，其實也是以天武天皇為藍本創作出來的人物。

日本武尊最初征討熊襲時，隨行的也是美濃、尾張、伊勢的人們，且在征伐東夷的時候遙拜伊勢宮接受草薙劍，迎娶尾張氏的宮簀媛，在美濃與近江邊境的伊吹山發病，最後在伊勢的能褒野死去。遺物草薙劍放在尾張的熱田社。就像這樣，日本武尊也曾遙拜天照大神，且與伊勢、尾張、美濃這三個天武天皇在壬申之亂時的根據地有很深的淵源。

再加上草薙劍。這把劍原本應該在宮中，六六八年被名為道行的僧侶偷盜，試圖逃往新羅未果。到了六八六年，天武天皇病倒，占卜結果說是草薙劍作祟的緣故，於是立刻將草薙劍送到尾張的熱田社。然而，天武天皇不久後依舊病逝。如此看來，草薙劍也是天武天皇的遺物，也是證明日本武尊就是天武天皇的證據。

就像這樣，從神武天皇至應神天皇的十五代，也就是所謂大和朝廷的歷代，《日本書紀》當中記載的故事幾乎全部都是從舒明天皇至持統天皇所在的七世紀歷史時代的人物和事件的投影，沒有任何可以確認是古老史實的證據。這到底是怎麼一回事？

神明附身所誕生的歷代天皇

在這裡想起的是神功皇后被未知神明附身、說出神明話語的情景。

自天武天皇下令「記定帝紀及上古諸事」的六八一年起，一直到七二〇年完成《日本書紀》的三十九年間，除了文武天皇短暫的治世之外，皇位在持統、元明、元正三位女帝的手裡，最後由聖武天皇繼承。

在這個時期負責編纂歷史的史官，無疑為了手上值得記載的史料非常少而發愁。就算把手裡所有的古代王名全部加起來，也無法追溯到四世紀以前，更無法記載歷代王者的事跡。但就算如此，還是必須寫出些什麼。

解決這個難題的應該就是高貴巫女的巫術。又或是持統天皇自己像神功皇后一般入齋宮、六八一年奉命修史的平群臣子像先祖武內宿禰一般撫琴，而中臣連大島則像中臣烏賊津使主一般向神提問，將天啟寫下來。

中臣連大島是後來的藤原朝臣大島，在六九〇年持統天皇即位式上，以神祇伯的身分，扮演宣讀天神壽詞的重要角色，因此由他向神提問也不是不合理的想像。

如果真的是這樣，那麼這就是古代的浪漫幻想。在昏暗的齋宮祭壇前端坐的高貴巫女，伴隨她口裡單調歌聲傳出的是無人知曉的古代王者和英雄們的系譜與事跡。還有幫助引導的琴聲，以及在緊張的氣氛下振筆疾書、寫下天啟的人們。

這或許就是《日本書紀》參照的史料實際創作的光景。

也許有人或覺得怎麼可能有如此愚蠢、不合理的事。然而，在七世紀末的年代，若想要追溯沒有任何紀錄的古代真相，對於當時的日本人而言，召喚古人的靈魂直接詢問，也許是最合理的方法。畢竟神武天皇也就是這樣顯靈在人們的面前。

第十章

新神話——騎馬民族說

撥動心弦的騎馬民族說

現在，說到日本建國就會想到騎馬民族，說到騎馬民族就會想到日本建國，這似乎已經成為了一般常識，但這其實是非常令人困擾的事。

不用說，騎馬民族說是江上波夫氏於一九四八年提倡的學說，詳細內容是「日本國家的征服王朝論」，主張東北亞系的騎馬民族首先統治南朝鮮，之後以弁韓（任那）為基地，入侵北九州，再前進畿內，建立大和朝廷，成功在日本開創最初的統一國家。

古代史大致都是如此，雖說江上氏的騎馬民族說建立在薄弱的論證基礎上，但也不完全是這樣。他的這個構想非常雄偉且色彩豐富，馬蹄聲響徹雲霄，如大浪般南下韓半島，分乘多艘小艇乘風破浪渡海而來的騎馬民族形象，對於自日本有歷史以來一直在進駐軍支配下的日本人而言，有一種奇妙的真實感，還有一種打破國史既有觀念的痛快感。

再加上在江上氏首度發表這個學說後不久，金日成的北朝鮮人民軍跨越三十八度線，也有如大浪一般逼近釜山，使得這個形象更具有現實感。

然而，就算是距離戰後日本所處的環境已經很遙遠的現在，不僅是一般人對於騎馬民族說的古代史抱有興趣，就連國史學的學者們都緊抱著這個學說，已經近乎是一種信仰，對此我總覺得不太對勁。

我身為騎馬民族本家滿洲、蒙古的歷史與語言專家，我認為關於日本古代國家的形成，沒有必要牽扯騎馬民族。日本列島鄰近中國大陸，而韓半島從很早以前就是中國的一部分，比起文獻上沒有任何證據的騎馬民族，討論中國人在日本建國上扮演的角色才更實際。

話雖如此，騎馬民族說似乎撥動了身處現代的日本人心中的琴弦。為什麼會如此呢？我認為，就算到了現代，日本人對於古代史的看法，依舊無法跳脫《日本書紀》或《古事記》等神話的框架。

不成熟的合理主義思想

《日本書紀》和《古事記》都在日本列島歷代天皇事蹟之前，設置了神代的篇幅，記述從天地發生開始，一直到天孫降臨高千穗、日向的地神三代為止的神明系譜。

這些完全都是神話，並沒有將其當作是人類歷史描述的意思。皇室的祖先是從天上降臨的神，代表皇室是在日本列島上出現，而非從海外而來。主張正因為是在這片土地上產生的王家，因此擁有支配日本列島的權利。

然而，拜明治時期傳入的不成熟合理主義思想所賜，讓人無法誠實接受神就是神，神話就是神話，於是將從天而降的神曲解成是從國外遠渡而來的天孫族。由於原本就是神話，就算將神明寫成是人類，乍看之下好像合理，但神話不可能成為歷史。就好像零不管乘上多少都是零。

不幸的是，《古事記》的作者為了說明天孫為什麼特地降臨日本列島中最靠西的九州，於是讓天孫說出了「此地者向韓國」這樣的話。原本只是為了表達九州與韓半島很近，但卻被人認為含有高天原[1]在韓半島或更遠的地方之意。只要一這麼認為，那麼這段敘述看起來就很像是證明天孫族來自海外的證據。而且，日本神話明明僅敘述了皇室血統的由來，但卻被誤解為日本民族起源的故事。

在這樣的基礎之下，一九四五年日本敗戰，神話被歷史教育驅逐。為了彌補這塊不足，被導入的是日本考古學和〈魏志倭人傳〉。

然而，從日本的古墳當中幾乎沒有挖出任何刻有七世紀以前文字的遺物。無論如何拼湊陶器的碎片，也無法復原建國時代的史實。〈魏志倭人傳〉雖然用文字記述，但其內容茫然讓人無法掌握，就連關鍵的邪馬台國所在地都無法確定。為此，在一九四五年之前，〈魏志倭人傳〉被視為是中國人記載不確實傳聞的史料，甚至沒人認真研究。就算是一九四五年之後，究竟該如何評價〈魏志倭人傳〉，學者間也有不同的意見。如此一來，日本人得不到滿足的答案也是無可厚非。

騎馬民族說在這一點上，與崇神天皇從北九州上陸、九州的騎馬民族國家、應神天皇的大和朝廷建國與天孫降臨、地神三代、神武東征等神話的模式非常相似，大家對於《日本書紀》的故事熟悉度高而容易接受，且騎馬民族說繼承的正是自明治以來將神話合理化的手法，也難怪自日本神話被驅逐以來而得不到滿足的日本人會熱烈歡迎騎馬民族說。

神話不是歷史，但神話可以解救飢渴的靈魂。騎馬民族說可說是現代日本的神話。

1〔編註〕高天原是日本神話《古事記》中，由天照大神所統治的天津神所居住的地點。有別於地上的大八州，高天原被描寫為飄浮在海上、雲中的島嶼。

第十一章

日本人是單一民族嗎？

❖ 日本人的純粹民族意識

「日本人是純粹的大和民族，自古以來就不曾受到外國的影響。因此，日本人非常優秀，在今日可以佔據世界的領導地位」。相信這是日本人心底真正的想法。然而非常可惜，追溯歷史事實，沒有實際的證據證明日本人是單一民族。既然如此，為什麼日本人還是相信自己是單一民族呢？這一點是比較重要、也比較有趣的問題。

從結論說起，日本於七世紀初建國，發生在這前後的事情，決定了日本這個國家的性格。之後也一直餘波盪漾，迄今都無法擺脫。一千三百年後的今日，日本人依舊身負建國當時的日本認同。無論日本人如何反省，也無論外國人如何批判，都不是那麼容易就可以改變。

對於日本人和日本國家的自我認同已經深入骨髓，成為了遮蔽日本人雙眼的眼罩。就算是到了現在國際化的時代，這一點都是造成日本人看不見世界問題的主因。想要驅逐這樣的日本觀和日本人觀，基本上是不可能的，但最起碼有必要認識到這個問題。

❖ 從歷史創作開始的自我認同

自我認同的基幹是歷史。被問到「你是誰」的時候會回答名字。名字有姓，而姓是從父母而來。也就是說，自己是誰也就等於祖先是誰，換句話說就是歷史。什麼樣的歷史創造出自己，這是自我認同的出發點。

不僅是個人，國家也相同。剛創立的國家首先著手進行的就是撰寫歷史。如果沒有撰寫歷史，那麼就無法確定自己是什麼人，而這又是一個什麼樣的國家。這是現實的政治問題。為了掌國家之舵、合眾人之力，就必須要有歷史。如果沒有歷史，神話也可以。

就像美利堅合眾國，自建國起僅二百年，屬於一個新的國家，但依舊有神話來代替歷史。

在美國的神話當中，從事各種職業的眾人乘坐五月花號而來，創建了美國。當然，冷靜想一想這是不可能的事，且美國高中的歷史課本中也找不到這段敘述，但這卻是一般美國人普遍的認知與看法。

美國的另一個神話是，合眾國憲法集結了人類有史以來最高的政治智慧。這種意識型態凝聚了美國。在合眾國建國以前沒有美國，也沒有美國人，因此他們需要這樣的神話。

日本建國的七世紀時也有同樣的內情。在此之前，日本列島是起源自各地的人們雜居的地帶，住民間沒有統一的意識，文化和語言也沒有統一。日本就是在這樣的情況之下建國。因此，建國後首先要做的就是創作名為歷史的神話，藉此植入「我們所有人都是日本人」的意識。畢竟，以前根本沒有「日本」這個國號。

在歷史剛開始的日本，為了創造「日本」這個自我認同，於是開始編纂歷史，這就是七二〇年完成的《日本書紀》。一般人認為在《日本書紀》完成前八年，《古事記》就已經完成，但這是錯誤的說法。《古事記》其實是百年後平安朝初期時的偽書（這一點在第九章〈神諭創造的「大和朝廷」〉中有詳細說明）。無論是從編纂的理由來說，還是從其內容豐富這一點來說，日本最初的歷史書無疑就是《日本書紀》。

《日本書紀》最大的特徵是將在編纂當事人實際經歷的當時才制定的國號「日本」，追溯至西元前六六〇年神武天皇即位之時，使用同一個國號。當然這是史實的扭曲，但藉此寫法來主張日本列島從古早以前就是「日本」，是塊明確的政治區域，上面的住民一直以來都是接受天皇家的統治。

雖然違反史實，但書中進一步將天皇家的起源寫作是神降臨鹿兒島縣的霧島山，成為了天皇家和隼人君主兩方的祖先。

第一代的神武天皇從日向移到大和後即位。之後經過八百六十年，第十四代的仲哀天皇和妻子神功皇后為了征討熊襲而準備前往九州。熊襲是古代對南九州的稱呼。這時，博多灣香椎宮的神明附身神功皇后下天啟說道：

天皇何憂熊襲之不服。是膂完之空國也。豈足舉兵伐乎。愈茲國而有寶國。譬如處女之。
有向津國。眼炎之金銀彩色多在其國。是謂栲衾新羅國焉。若能祭吾者。則曾不血刃。其國必自服矣。

仲哀天皇從高處眺望大海卻看不見神明所說的新羅國，於是拒絕祭神，執意攻打熊襲，敗戰後退回，不久之後便死去。

神功皇后成為攝政，遣海人偵查西海是否真的有一個國家。幾日後海人歸來報告：「西北有山，帶雲橫絚，蓋有國乎。」神功皇后於是親自出航，海上颳起大風，艦隊隨著海浪抵達新羅，新羅王投降。這就是所謂「神功皇后的三韓征伐」。

《日本書紀》將這一件事的年分寫作二〇〇年。《日本書紀》透過這個故事主要想說的是，日本列島住民與韓半島住民之間的往來比日本建國還要晚了許多，屬於最近的事。

也就是說，日本人自西元前七世紀以來就只住在日本列島上，直到建國九百年後才首度知道亞洲大陸的存在。這無論怎麼想都不是事實，而是顛倒了七世紀日本真正建國之前與亞洲大陸之間關係的歷史。接下來將說明為什麼必須做出與事實相反的主張，其動機和歷史實情。

❖ 東亞史的實情

黃河中流域產生的文明

東亞最先撰寫歷史的是中國文明。中國文明也就是黃河文明，以黃河中游、河南省洛陽盆地為中心的地區，在西元前十六至前十五世紀左右產生城市文明，沿著交通要道成鎖鏈狀分布，不斷發展出城市。關於黃河流域產生城市文明的理由，一般都認為是受到黃河的恩惠而土壤豐沃所致，然而這是天大的誤會。

黃河在歷史時代是平均每三年會氾濫二次的河川，居住在黃河下游三角洲地帶的人們，不知道因此受了多少苦。為此，自秦始皇以來，中國歷代王朝每年都會投入大量人力和財力修築堤防，但總趕不上黃河氾濫時的水量而決堤。

而且，黃河還是中國南北交通的一大障礙。下游三角洲地帶如果不進行治水工程，則每年到了氾濫期的時候，一直到地平線的彼端為止都是一片泥海。水退去之後流向完全改變，再也找不到原本的河川去了哪裡，這樣的事情不斷反覆發生。因此，古代住居只能在平原上突起的山丘。但這裡不但不利於居住，飲用水也是一大問題。

那麼，黃河上游又如何呢？黃河分隔山西省和陝西省向南流的附近區域屬於黃土。黃土溶於水，台地不斷地被黃河侵蝕，兩岸有的地方甚至會形成百公尺垂直的斷崖絕壁。而且谷間的水流湍急，根本無法渡河。

只有在中游洛陽盆地前後二百至三百公里的區間才有辦法渡黃河。這裡是河南省低地與山西省台地的交接處。從洛陽至鄭州、開封之間的區域，兩岸低且穩定，容易南北渡河。

洛陽盆地北接山西省台地，原本是森林地帶，是過去東北亞型狩獵民族居住的地方。從洛陽盆地開始向東擴展的三角洲地帶可以種植稻米，用船在河上航行，是過去東南亞型農耕與漁撈民族居住的地方。另外，洛陽盆地西邊的陝西省和甘肅省的草原地帶，過去是北亞型遊牧民族居住的地方。洛陽盆地西南方山地是火耕農業民族的住處。

就這樣，四種不同生活型態的種族圍繞著洛陽盆地，古時候稱作「蠻、夷、戎、狄」。東方低地的農耕及漁撈民是「東夷」，西方草原的遊牧民是「西戎」，北方高原的狩獵民是「北狄」，而南方山地的火耕農業民是「南蠻」。這些不同生活型態的人們在黃河中游沿岸的洛陽盆地相遇，而且只有這裡才有辦法渡黃河。

正因為如此，黃河中游沿岸是眾多種族接觸與交易的場所，逐漸發展成為城市，開創了被稱作黃河文明的城市文明。

如此形成的城市，其住民混合了東夷、西戎、南蠻、北狄，這些人成為了中國人，是漢族的祖先。也就是說，漢族並非一開始就是漢族，也不是從其他的地方移居中國。

到了西元前八至前五世紀的春秋時代，中國開始區別黃河流域的中國人和附近其他夷狄，但這並非是中國人的原貌，中國人可說是蠻、夷、戎、狄的混血。

向東北亞擴展

如此產生的城市文明需要防禦外側的蕃地，於是在城市的周圍興建城牆。這一直到二十世紀為止都是中國城市的特徵。就算到了現在，中國鄉下被稱作縣城的城市，依舊留有城牆和城門。

城市在太陽升起的時候打開城門進行交易，日落後再把城門關上。城市的住民主要是商人和手工業者，且所有人都是民兵，緊急時需要拿起武器作戰。

城市是市場，與周圍的異族交易。從已經形成的城市開始，利用舟船航行於內陸的河川與湖沼，發現適合進行買賣的地方，就像蜜蜂分封一般，不斷地興建新的城市。就這樣，城市文明不斷地擴展。

然而，城市文明並沒有向中國的北方發展。北方的極限在黃河流域北側的長城沿路。但城市文明卻向東方和南方延伸。如同「南船北馬」所說的一樣，黃河以北靠的是陸上交通，以南靠的是水上交通。在黃河的南方，經由淮河和漢江可以與長江連接，從長江開始又經過洞庭湖、湘江、桂江、西江，在珠江與南海連接。這些水上通路可以善加利用。相反的，黃河以北是擁有不同生活型態的狩獵與遊牧民的居住地，對於習慣農耕地帶環境的城市民而言非常不利。

就這樣，產生於黃河中游的城市文明一直擴展到了東北亞。其路徑是，沿山西台地東緣的太行山脈腳下向北前進，抵達北京（北京有古代城市的遺跡）。從北京開始向東前進，沿大凌河抵達遼河三角洲，從這裡向北迂迴，在瀋陽渡遼河，南下抵達遼陽。到這裡為止有一部分可以利用水路前進。從遼陽開始走陸路南下，渡鴨綠江和清川江，抵達大同江邊的平壤。

從平壤向南又可以利用內陸的水路。沿大同江支流的載寧江往上，越過慈悲嶺再沿禮成江往下，就可以抵達高麗王朝的首都開城。在江華島前進入漢江，就可以抵達首爾。漢江有北漢江和南漢江兩條支流，南漢江從南向北流。從南漢江向南可以抵達忠州，從這裡再越過鳥嶺，就是洛東江。從洛東江向南就可以在釜山出海。

就像這樣，平壤以南的韓半島，其內陸的河川也非常發達，適合城市文明的人所擅長的舟船航運。沿著內陸水路，發現了許多的遺跡和遺物。

這條縱貫韓半島的內陸水路，當然也與日本列島連接。從洛東江的河口經由對馬、壹岐前往北九州。從北九州經過瀨戶內海可以抵達大阪灣。從大阪灣沿淀川向上到琵琶湖的水路，除了部分海峽之外，從北九州開始都是內海和河川，是一條非常安全的交通路徑。因此，起源自黃河中游的城市文明，很容易就可以從韓半島北部的平壤開始延伸到日本列島的中心部。

根據司馬遷《史記》的記載，在西元前四世紀時，位於北京名為燕國的城市國家曾經前進韓半島。城市文明不是農耕文明，而是在農耕地帶擴展的商業文明。經營城市國家的基礎是商業，具有為了追求利潤而不斷向新物資集散地推進的特徵。《史記》記載燕國統治「真番」和「朝鮮」，真番是洛東江流域的住民，朝鮮是大同江和漢江流域的住民，可見燕國的勢力縱貫韓半島，一直延伸到對岸的日本列島。

日本列島擁有世界古老的陶器文化，新石器時代可說是從這裡開始，日本列島從石器時代開始人口就非常眾多。人口眾多代表對於大陸商品的潛在需求量大。再加上日本列島的礦產豐富，當中又以砂金是日本在歷史時代的特產品，銀和銅的產量也很豐富，在古時代的貿易當中，屬於體積小卻價值高的商品，這一點也讓日本列島成為充滿魅力的市場。

對於亞洲大陸的城市國家而言，控制韓半島水路，等於控制了日本列島的市場。為此，燕國也才會前進韓半島。秦始皇統一各個城市國家、創造統一中國的理由也相同。西漢武帝於西元前一〇八年合併位於平壤的朝鮮王國，韓半島全部成為中國的直轄領。在洛東江的溪谷設置真番郡，中國的勢力延伸到了日本列島的眼前。

❖ 中國皇帝制度和日本列島的城市化

皇帝制度是綜合貿易公司

中國文明的本質是商業文明，而中國皇帝制度也同樣是種綜合貿易公司。中國既不是國民國家，也不是領土國家。皇帝所在的首都是總公司，地方的縣城則是皇帝直轄的分公司。在縣城登錄有戶籍的正式員工是「民」，也就是中國人，沒有登錄的非員工則是「夷狄」，也就是非中國人。縣城有皇帝派遣的軍司令官率軍隊駐紮，負責監督商業、維持治安，並將利潤上繳皇帝。

這種中國皇帝制度的性質，甚至一直影響到現在的中華人民共和國。中國一直到最近為止，各種企業都還屬於國營企業。這個國營企業的形式其實就是皇帝制度的延伸。在皇帝制度之下，雖然看起來像是國家，但其實是以提高利潤為主要目的之商業組織。

因此，發生在西元前一〇八年的事件本質，其實就是綜合貿易公司在日本列島的對岸設置了分公司。由於是貿易公司的分公司，因此經營真番郡的費用並不是由總公司提供，而是採取獨立賺取的分帳制。從設置的位置看來，真番郡原本的目的是提高與日本列島的貿易利潤。這一點雖然沒有直接留在歷史紀錄上，但中國的商船的確渡海來到了日本列島。從這裡開始，日本列島的原住民，身為貿易對象，開始出現在中國的紀錄當中，也就是「倭人」。

日本列島上城市的形成

根據《漢書》〈地理志〉的記載，到了西元前一世紀末，日本列島有上百個被稱作「國」的地方。從這時候開始，每年到了固定的時間，倭人就會前往中國對中國皇帝表達敬意。

之所以會如此的原因是中國商船的定期來航。參考後世東南亞的例子，整個過程如下。

最初的階段，來到日本列島的中國商人不上岸，而是將船栓在海岸，由當地的人划著小船靠近，上船看商品，進行交易。交易屬於以物易物。由於經濟觀念尚未發達，在這個契約和商品價值不明確的階段，很多人想要商品，卻不想付出代價，因此經常爆發衝突。為了預防這些衝突，開始有當地人被選為總代表，當然這個人必須要會說支那語。這個代表成為當地的酋長，由酋長管理的市場逐漸成形。

當地的人用信用向中國商人借出商品，再帶回等值的東西交換，但交易開始到結束經常要花上數個月的時間。中國商人在等待的期間需要居住的地方。女人不能搭乘商船，中國商人全部都是男人。由於生活不方便，於是商人開始在當地娶妻生子。就這樣，在中國商船停靠的港口附近，出現了華僑人口。

就像這樣，港口逐漸形成，市場也逐漸形成，且出現了華僑的居民，周圍人聚集的城鎮也逐漸成形。商業活動愈發達，則酋長愈富裕。雖然沒有如中國城市般的城牆，但逐漸具備城市的型態。這就是《漢書》中所謂的倭人的「國」。只不過在這一個階段，尚未出現「王」。

從上述中可以看出，中國人前進韓半島與倭人諸國的形成有直接的關係。顯示了隨著中國城市文明商業網的擴張，日本列島被納入中國經濟圈的過程。

這個過程的副產品是在海岸形成聚落。古時候，聚落不在海岸的低地，而是在高地。海岸的低濕地有許多疾病，無法居住。自從中國商船定期來航之後，河口出現人類可以定居的場所，由於必須提供住民糧食，於是有了農園，農業也逐漸發達。中國人是世界上吃最多蔬菜的人種，因此中國人移居的地方，一定會帶來新的種子，形成菜園。作物能夠賣出，是農民願意耕種自用以外的作物的先決條件。

就像這樣，商業經濟滲透，糧食的生產力提高，人口也就愈來愈集中。所謂的「倭人百餘國」就是這些在日本列島海岸形成的聚落。

❖ 中國的動亂與周邊的異族

中國培養出的異族王權

受到中國政治力和經濟力的刺激，倭人形成了諸國，而中國方面也因此出現了許多變動。

一開始，中國的地方機構強勢，而倭人處於弱勢。在中國軍事力的保護之下，維持了可說是「中國治世」（〔Pax Sinica〕中國統治下的和平）狀態下的貿易秩序。然而，中國的政治力和經濟力幾度衰退。

西元前一〇八年設置在韓半島洛東江流域的真番郡於二十六年後的西元前八二年遭到廢除，日本列島的貿易由平壤的樂浪郡接管。這是在漢武帝無節制的經營之下，西漢的國力耗盡，中國人口減半所造成的結果。經過大約九十年的時間，在歷代皇帝的努力之下，西漢的國力和人口才終於恢復。但到了西元前一世紀初王莽篡漢之後，中國陷入大混亂，當三七年東漢武帝恢復統一的時候，人口僅剩五分之一。

中國的政治力和經濟力衰退到這個地步，對於無論是中央政府還是邊境的地方機構而言，中國商人貿易活動的停滯是關乎生死的問題。作為解決的對策，於是從土著民當中選出酋長指名為王，這時出現的就是西元五七年東漢光武帝授予「漢委奴國王」金印、位於博多的奴國倭王。這個金印於十八世紀末的天明年間於志賀島出土。

「倭國」和「倭王」在這裡首度出現在歷史當中。然而，雖然有名為倭國的國家，也有名為倭人的國民，但是倭王並非是由倭人推舉產生，而是由中國的皇帝任命、培養。看到現在的世界政治，大國也在做同樣的事。自己找出適合的人選，提供資金與武器，培養以這個人為中心的政治勢力，建立與大國友好的政權，藉此維持治安。這與東漢中國政府採取的措施完全一樣。

就這樣，西元五七年，中國首先創造出了倭王。之後，若沒有倭王的保證，則倭人無法與中國商人進行交易。其他諸國就算越過倭王直接造訪樂浪郡，樂浪郡也不予受理，無法與中國皇帝有交集。

為了進行貿易，倭人必須向倭王上繳手續費。倭王本身雖然沒有強大的實力，但由於有與中國皇帝的特約關係作為後盾，所以可以給其他倭人諸國下馬威。異族酋長間被任命的王，其最重要的任務就是保護來訪的中國商人和居民的安全，避免發生衝突。

這個現象不僅限於日本，而是同時發生在中國周邊地域的現象。

黃巾之亂造成中國衰退

東漢前半的時代非常平穩，到了西元一八四年，發生了大變動。二世紀的東漢，人口集中城市，景氣呈現過熱的狀態。古代文明最大的弱點就是物資的運輸手段。供給城市糧食和其他必需品，都必須透過內陸水路的船運，需求就算膨脹至二倍，供給也無法變成二倍。因此，人口集中城市的結果，景氣雖好，但卻不穩定。

人口集中城市的另一個原因是不斷與蒙古高原遊牧民族的北匈奴發生戰爭，軍隊因此過分膨脹。被徵召入軍隊的人，就算退役也不回到故鄉的農村，就算回去了也沒有自己可以耕種的土地。如果留在城市，總有辦法過活。比起鄉下純樸的農民，城市貧民的生活水準還比較高。就這樣，過一日算一日的貧民全都集中到了城市。

麻煩的是這些人都受過軍事訓練，習慣團體生活，又都會武術。他們覺醒於這個社會的不公平，革命思想普及。原本是退役軍人的互助組織，逐漸轉變成為革命組織，在六十干支最初甲子年的一八四年，全國同時發生叛亂。他們的口號是：「蒼天已死，黃天當立，歲在甲子，天下大吉。」意思是新的世界從現在開始，永遠和平，為此必須掃除過去的秩序。反亂軍戴黃色的帽子作為記號，稱為「黃巾之亂」。然而，這場革命戰爭數年後就被完全鎮壓。畢竟政府軍的裝備優良，訓練也比較嚴謹。

被鎮壓的反叛軍士兵被編入政府軍。結果造成政府軍兵力過分膨脹，有野心的將軍們之間，發生內戰。

這個內戰狀態一直持續了五十年，東漢的中央政府消滅，混亂中登場的是曹操、劉備、孫權等《三國志》的英雄，正式進入三國時代。

這個黃巾之亂帶給中國最大的變化就是人口銳減。中國現存最早的人口統計數字是西漢末年西元二年的五千九百五十九萬四千九百七十八人（約五千九百萬）。王莽末期人口一度減少，到了二世紀又恢復到五千多萬人，黃巾之亂前夕的一五七年，人口上升至五千六百四十八萬六千八百五十六人。[1]

然而，一八四年黃巾之亂後的人口銳減非常異常。根據半世紀後二三〇年魏朝高官的報告，當時中國的總人口不到五百萬人，由魏、吳、蜀三國瓜分。從當時的許多紀錄當中也可以感受到當時的人口真的非常稀少。實際上，可說是中國文明的命脈中斷，世界末日來臨的狀態。

衰退分裂的中國，除了二八〇年起有過短暫二十年的統一之外，一直到五八九年隋文帝再統一為止，從黃巾之亂算起，竟然分裂長達四百年。期間，總人口數一直呈現低迷。

沒有了中央政府，地方政權割據，商業網也中斷。少數存活下來的人們分散各地，形成小的聚落。由於人手不足，糧食的生產量也一直無法恢復。糧食生產量無法恢復，人口也就無法恢復，陷入這樣的惡性循環當中。

換句話說，中國的政治力和經濟力幾乎完全消滅，以前以皇帝的權威作為後盾而得以維持的東亞秩序也蕩然無存。

中國內部也因為中國人大量死亡而人手不足，中國地方軍閥於是抓來境外異族，強制他們住在中原，利用他們進行耕種和打仗。最大規模實施這個政策的是魏朝的曹操，曹操的旗本騎兵最精銳的部隊就是由名為烏丸的北方遊牧民族構成。

這項為了補救人口減少而強制植入異族的政策，使得中國的性格大變。二世紀末之後的中國人已經不是秦漢時代的中國人，也就是說，漢族的定義改變。此後的中國人大量混入北方遊牧民族和狩獵民族的血液，成為了與秦漢時期不同的全新中國人。

當中，建立北朝的遊牧民族鮮卑人取得主導權，隋、唐再度重建統一的中國。無論是隋朝還是唐朝，帝室都是出身鮮卑族，而非漢族。就這樣，中國史進入了一個全新的時代。

1〔原註〕中國很長一段時間都維持人口在五千多萬人，這應該是最適當的規模。到十七世紀開始人口急增，一七〇〇年前後突破一億，之後又繼續急增，到現在十三億這個令人瞠目結舌的數字。

倭國王權的成長

在秦漢的中國古文明消滅、隋唐的新中國文明再生期間，周邊的異族又在做什麼呢？尤其是東北亞，受到中國大變動餘波盪漾的影響，至今為止維持的秩序全面崩壞。

其中之一就是倭人諸國的動亂。這就是《三國志》〈魏志倭人傳〉所說的：「其國本亦以男子為王，住七八十年，倭國亂，相攻伐歷年，乃共立一女子為王，名曰卑彌呼。」

從這裡可以看出，在一八四年中國發生黃巾之亂的同時，日本列島的倭人之間也發生了大動亂。奴國的倭王失勢，失去了政治中心，為了收拾這一場面，於是邪馬台國的女王卑彌呼被選為倭人諸國聯盟名義上的領袖。

至於韓半島，黃巾之亂的影響也造成變化，半島一度被遼東軍閥公孫氏統治。公孫氏在樂浪郡南部新設置了帶方郡。到了二三八年，魏朝的掌權者司馬懿滅了公孫氏，將樂浪郡和帶方郡收入傘下，從此之後，由帶方郡負責與倭人交涉。在司馬懿的斡旋之下，邪馬台國女王卑彌呼被授予「親魏倭王」的稱號，公認成為倭人諸國的總代表。這就是倭國王權的交替。

由司馬懿的子孫所創建的晉朝於二八〇年再度統一中國。然而，這個統一僅僅維持了二十年便遭到破壞。三〇四年，以匈奴的劉淵為首，移住中國的遊牧民族與狩獵民族大叛亂，發生了所謂的五胡十六國之亂，中國再度衰退。結果，駐紮於樂浪郡和帶方郡的中國軍於三一三年退出韓半島，之後，在這一塊空白地帶，北方的高句麗王國南下，佔據大同江流域的樂浪郡故地。為了與之抗衡，在漢江流域帶方郡的故地，興起了百濟王國。

在至今為止的東北亞，王權都是由中國皇帝授予，以中國的政治力和經濟力作為後盾，但在中國實質消滅的狀況之下發展出了新的規則，各民族都是由能以實力服人者當王。然而，王是民族對外的代表，因此想要成為王，必須得到外國的承認，僅有實力是不夠的。[2]

在中國分裂不安定的四世紀至六世紀末，東北亞諸國分別與割據中國各地的勢力結交外交關係，為了得到王位的承認而煞費苦心。高句麗和百濟也同時

2〔原註〕不過是武家棟樑的征夷大將軍之所以可以獲得日本統治者的地位，是因為將軍足利義持被明朝永樂帝封為「日本國王」，這便是一個例子。另外，德川幕府也一樣，為了讓全國認識到德川氏取代豐臣氏成為日本盟主的事實，於是與朝鮮王締結和解條約，每當新一任將軍上任後，都必須迎來朝鮮的通信使，獲得外交上的承認。

遣使南朝和北朝。在韓半島東南方建國的新羅由於距離中國較遠，因此較晚才獲得承認。於漢江溪谷建國的百濟，在位置上佔有優勢，支配這個地方上帶方郡遺民的華僑社會，繼續與中國大陸和日本列島進行貿易。

與百濟結盟的倭國王權

受到二世紀黃巾之亂的影響，取代奴國出現的邪馬台女王，其王權也因四世紀中國動亂的餘波蕩漾而從歷史上消失，現在甚至連邪馬台國的正確位置都無從得知。

倭王於四世紀後半，第三度出現在歷史舞台，主要是與百濟王國的關係。

原本以鴨綠江上游為根據地的高句麗王國開始南下韓半島，與百濟王國之間的戰爭也就此展開。高句麗是領有遼河以東的大國，人口多，武力強，相對之下百濟人口少。韓半島的人口原本就不多，一直以來都是日本列島的三分之一。為此，百濟如果想要與高句麗抗衡，那麼就必須確保背後的日本列島支持。這時，被百濟王選為同盟的是鄰近大阪灣貿易港口難波的酋長。

回顧在此之前日本列島貿易的歷史，最大宗的貿易路線就是從博多至難波間的瀨戶內海航路。在瀨戶內海沿岸港口，擁有有利市場的城市逐漸發展，成為了華僑的居留地。當中，在戰略上最重要的地方就是位於航路終點、內陸入口的難波。這裡的酋長於三六九年被百濟王正式承認為倭王。這就是《日本書紀》中被稱為仁德天皇的倭王。

根據《日本書紀》的記載，仁德天皇相繼由三個兒子——履中天皇、反正天皇、允恭天皇——繼承王位。允恭天皇之後也是由他的兩個兒子安康天皇和雄略天皇繼承。這與中國南朝撰寫的《宋書》中記載的倭五王讚、珍、濟、興、武，在繼承順序和年代上都一致，因此可以知道，這個「倭五王」就是難波的倭王。

另外，根據高句麗〈廣開土王碑〉上的記載，三九一年「倭以辛卯年來渡海，破，百殘（百濟）、新羅，以為臣民」，描述了倭軍第一次大規模介入韓半島的模樣。正好相當於仁德天皇的在位時期。「倭軍破百濟」是高句麗站在百濟原本是自國屬民的立場上所寫，從百濟的角度看來則是從日本列島上來了倭的援軍。派遣援軍的人是難波的倭王，這應該是最自然的解釋。

從〈新撰姓氏錄〉所見的華僑分布

平安朝初期的八一五年，完成了《新撰姓氏錄》三十卷。這本書現在以選摘的形式，留在江戶時代由國學者塙保己一編纂的《群書類從》中。

內容記述過去住在倭國領地畿內諸國的氏族起源，將一千一百八十二個氏族分成皇別、神別、諸蕃三類。皇別是從神武天皇至應神天皇，也就是以所謂大和朝廷的歷代天皇為祖先的氏族，但由於這個朝代的歷代倭王都是虛構的，因此皇別可說是令人質疑的氏族。

神別是以國津神為祖先的氏族，是日本列島各地土著倭人的貴族。

至於諸蕃則是以從中國或韓半島移住日本列島者為祖先的氏族，也就是所謂的歸化人、渡來人。從中國來的移民當然是華僑，但實際上，從韓半島來的移民也可說是華僑。由於中國人在當地與土著女子結婚生子，由他們的孩子創造華僑社會，因此華僑都是混血。高句麗、百濟、新羅也是一樣，雖然名義上是高麗人、百濟人、新羅人，但華僑就是華僑。

看到《新撰姓氏錄》中諸蕃的分布擴展至攝津、河內、和泉、大和、山城、近江諸國，幾乎找不到沒有諸蕃的聚落。就連九世紀當時，圍繞日本列島政治和經濟中心難波的地域，人口的大部分都是外國來的移居者。這代表了開拓畿內的其實是華僑。畿內由於交通方便、適合農耕，因此自古以來就開通了經由韓半島直接通往中國的交通路徑。因此，從〈魏志倭人傳〉記述的年代開始，華僑的移居者就不斷地如海浪般湧入，在畿內一帶形成聚落也不是不可思議的事。另外，雖然都是華僑，但當中包含了許多不同系統的華僑。「秦人是秦始皇的子孫，漢人是漢高祖劉邦的子孫」，這種說法其實並不正確，這應該是因為這些人說的方言不同而造成的誤解。[3]

就連現代都一樣，更何況是古時候移住日本列島的華僑，彼此之間方言的差異大，文化也不相同。各自守在各自的村落當中，與和自己說著不同方言、屬於其他中國體系移民的村落，幾乎沒有交流。在這些華僑村落之間，有一些

3〔原註〕就算是現在的中國，雖然收音機和電視普及，教育也都是以北京話為基礎的普通話進行，但中國方言的差距依舊很大，出身地不同，甚至連日常對話都無法理解。最好的例子就是新加坡。新加坡華人說的語言共有福建話、潮州話、海南話、客家話以及廣東話五種，以前並沒有共通的中文。第二次世界大戰後，新加坡的華人致力於北京話教育，彼此也終於有了相通的語言。之後為了避免與馬來印度體系的新加坡人相互對立，因此現在英文取代中文，成為官方鼓勵使用的語言。這不僅是語言不通的問題，方言不同，就算同樣是中國系統的人，文化也不同。文化最顯著的表現就是宗教。不同方言的集團稱作「幫」，每一個幫所祭祀的神明都不同，祭祀的日子也不同，祭祀的方式當然也不相同。在新加坡政府的政策之下，為了防止種族對立，新建設的高樓住宅不分種族混居，但在過去的中國城，每一個幫都只居住在特定的街區，沒有混居的情況。

土著倭人的村落，當時的狀況應該就是這樣。

在倭人方面，政治上也沒有統一。就連畿內的倭王，也並非擁有完整的領土，統治當中的所有住民。除了倭王之外也有其他的倭人酋長，各自帶著各自的氏族在日本列島各地進行開拓。皇室祖先的倭國王家也是其中一個氏族，經營的方式也是相同，擁有的土地四散各處。日本列島諸氏族的領地呈現馬賽克狀態，當中擁有最多土地、實力最堅強的應該就是倭國王家。自三九一年開始的倭軍介入韓半島，想必就是由具有這種特質的倭王擔任總代表，集合許多氏族的士兵，派遣至韓半島。然而，這種做法不再適用於即將來臨的時代。

❖ 鎖國是日本國的本質

中國的再統一與前進東北亞

五八九年，北朝的隋文帝滅掉了南朝的陳，睽違三百年再度統一中國。隋朝的統一僅維持了二十年，之後由唐朝再度統一。無論如何，中國的政治力與經濟力再度恢復。其影響力很快就傳到了東北亞。這個時代東北亞最大的強國是高句麗。隋煬帝三度征伐高句麗皆鎩羽而歸。唐太宗親自出征，指揮征伐高句麗。以北京為基地出發，從陸路進行攻擊，但怎麼都突破不了遼河。唐太宗於是改變作戰，六六〇年派艦隊橫跨黃海，於韓半島上陸，滅掉了百濟。這時，唐與百濟背後的新羅結盟，共同作戰。

對於倭人而言，百濟是通往世界的窗口，百濟的存亡對於倭人而言也是關乎生死的問題。當時的倭王是女王，也就是《日本書紀》中稱作皇極天皇（等於齊明天皇）的人。翌六六一年，倭國將宮廷搬到了博多，準備在這裡指揮復興百濟的作戰，然而齊明天皇於該年死去。皇太子天智天皇延續作戰，但六六三年，倭艦隊在白村江（錦江）的海戰中被唐艦隊擊敗，全軍覆沒。就這樣，復興百濟的大業失敗，韓半島南部被唐佔領。唐朝繼續在六六八年滅了高句麗，但不久後退出韓半島，以遼河西岸為國境。就這樣，六七〇年代，韓半島南半部被新羅統一。

倭人的孤立與日本建國

對於日本列島的住民而言，這個事態是前所未見的重大危機。至今為止，他們所知道的全世界，被敵對的唐帝國和與其同盟的新羅王國征服。

面對這個非常事態，他們採取的對策與明治時的「版籍奉還」和「廢藩置

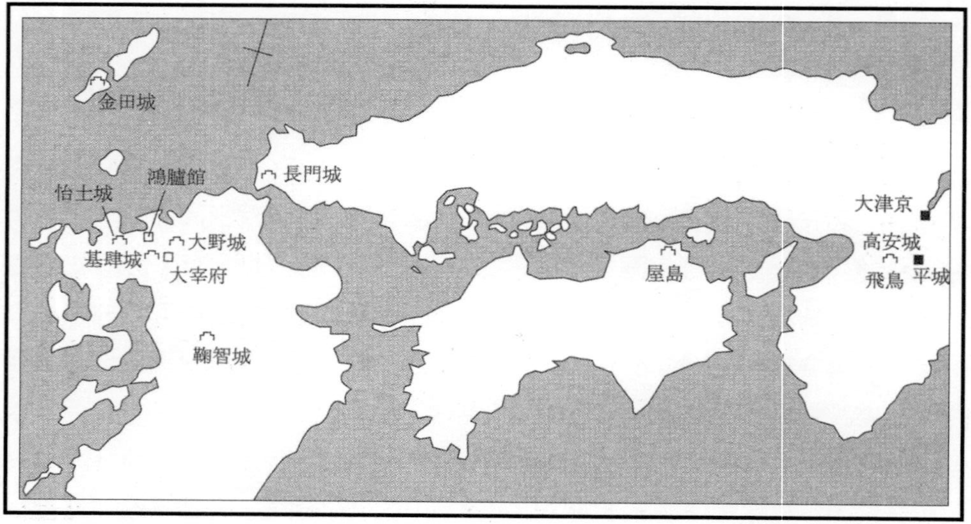

抵抗唐帝國入侵的防禦態勢

縣」的精神相同，也就是團結日本列島各地的諸氏族，以倭國王家為中心團結，組成統一國家。就這樣，繼承倭國王家的天智天皇於六六八年在近江即位，成為了日本最初的天皇。這個「日本」的國號與「天皇」的王號就是在這時頒布的日本列島最初的成文法典《近江律令》中制定。

另一方面，從對馬、北九州至瀨戶內海、淀川、大和川沿岸修築要塞，鞏固防衛態勢。將首都設在至今為止距離倭國王勢力圈最遠的近江，也是為了防禦唐軍進攻所採取的策略。也就是說，當時日本列島的住民害怕唐軍是不是馬上就要上陸、日本列島是不是會被中國直接統治，而日本就是在這樣的時期建國。4

七世紀建國的日本最初與亞洲大陸國家正式建交，是在一八七一年（明治四年）與清帝國締結的《日清修好條規》。自建國起經過了一千二百年的時間。建國後從日本派往中國的遣唐使並沒有帶正式的國書，也就是日本天皇寫

4〔原註〕比較日本和西歐的歷史，最明顯的不同是日本皇室從未與亞洲大陸王家之間締結婚姻關係，且一直到明治為止，甚至沒有建立正式的外交關係。而在西歐，諾曼第的諾曼王征服英格蘭、英格蘭王持有波蘭的土地等狀況非常常見，又或是經常可以看到歐洲大陸的王家與不列顛群島的王家結婚，因此領地在海峽另一岸也是稀鬆平常的事。然而，東亞完全沒有這樣的情形。

東亞視野下的日本建國史

給中國皇帝的書簡。這也就是所謂的政經分離，採取盡量避免政治關係，僅進行貿易的態度。一直到十四世紀，足利義滿自稱日本國王，派遣使者至明朝，明朝永樂帝封足利義持為日本國王，以及十七世紀德川幕府與朝鮮國王和解的時候才採取建交的形式，但當事人都是征夷大將軍，而並非相當於日本元首的天皇。

就像這樣，日本這個國家從建國之初開始一直到後世為止，一貫表現出的都是自衛與封閉的性格。這對於七世紀因國際巨大變動而建國的日本來說是當然的事，防禦外國對日本列島的威脅是國家最重要的課題，鎖國才是日本的國是。

日語起源早

比較日本列島和韓半島的歷史，另一個顯著的不同是，日本於七世紀建國後國語就非常發達，而韓半島在七世紀新羅統一之後很久，一直到十五世紀，韓語（朝鮮語）才被正式承認為國語。

在此之前的新羅和高麗時代，公用的語言不是土著人的語言，而是中國語，也就是漢文。不像日本是將漢文標上符號訓讀，韓半島則是直接從上往下，以韓式發音來音讀漢字音。到了十五世紀，朝鮮朝的世宗創造了表音文字的韓字，韓語（朝鮮語）才真正開始發達，晚了日本約八百年。

在日本，從天智天皇、天武天皇的時候就開始嘗試用唯一的文字漢字來書寫倭語（日語）。《萬葉集》卷七中引用了許多取自〈柿本朝臣人麿歌集〉的和歌。這在《萬葉集》當中屬於最古老的和歌。其最大的特徵是，例如：寫作「天海丹　雲之波立　月船　星之林丹　榜隱所見」的和歌讀作「amenoumini-kumo-nonamitachi-tsukinohune-hoshinohayashini-kogikakurumiyu」，僅將意譯漢字按照日語的語順排列，助詞和語尾詞並沒有用音譯漢字寫出來。

到了《萬葉集》中比較新的和歌之後，變成了意譯漢字和音譯漢字混合使用。例如卷五中山上憶良的和歌：「世間乎　宇之等夜佐之等　於母倍杼母　飛立可爾都　鳥爾之安良爾婆」讀作「yononakawo-ushitoyasashito-omohedomo-tobitachikanetsu-torinishiaraneba」。

最後到了《萬葉集》中最新的卷十四的東歌，所有的音節都是音譯，表示法已經完成。例如歌詠下總之國（千葉縣）葛飾的真間海岸風景的「kadus-hikano-mamanouramiwo-koguhuneno-hunabitosawaku-namitaturashimo」寫作「可豆思加乃　麻萬能宇良為乎　許具布爾能　布奈妣等佐和久　奈美多都良思母」。《日本書紀》的和歌也都是用這種方式書寫。

這個現象顯示了日本非常努力要將日語變成可用文字書寫的語言。日本為什麼這麼早就開始進行國語開發呢？

日語是非常不可思議的語言，除了屬於同語系的沖繩語之外找不到第二個。最近最有力的學說是，日本語的語彙屬於南島語系。南島語系是遍布在西從馬達加斯加島開始，一直到臺灣、東南亞、南太平洋諸島的語言。相對於此，日語的語法屬於阿爾泰語系，也就是與土耳其語、蒙古語、滿洲語具有共通的要素。日語是非常奇妙的混合語言。

日本建國當時，日本列島是說著各種不同語言的人種雜居的地帶。倭人與華僑之間沒有共通的語言，且華僑之間如果方言不同，也無法理解。用漢字寫成的漢文是唯一的溝通手段，但由於漢字不是表音文字，音讀漢文也不知道是什麼意思。為此，第一要務就是要創造共通的語言。如果沒有共通的語言，好不容易統合倭人和華僑，人為創造出名為「日本人」的自我認同就無法維持。由於韓半島新羅的公用語是中文，因此必須與其不同。於是，建國當時的日本人採取的方式是以漢文為基礎，從土著倭人的語言中一個字一個字地找出相對應意思的單字，依序排列，人為創造出了實用的新國語。

第二次世界大戰後獨立的舊殖民地諸國也以同樣的方式創造屬於自己的國語。以舊宗主國的語言為基礎，替換成土著語言的單字。這是非常耗時且困難的一條路，來不及開發國語的國家，只好一直到現在都並行使用舊宗主國的英語、法語等。建國當時的日本在開發國語的路上也吃盡了苦頭。為了表達情緒，《萬葉集》中已經出現了純倭語的和歌，但韻文不適合用在政治等實用面上。為此，必須開發散文體，這又是一大工程。

最初嘗試用倭語書寫散文的是《古今和歌集》的〈假名序〉。《古今和歌集》有漢文的〈真名序〉和日文的〈假名序〉二個序，內容基本上相互對應。然而，〈假名序〉的內容有些模糊難解，配合〈真名序〉才能瞭解真正的涵義。由於當時日語的散文文體尚未確立，因此無法順利表達。從這個時代開始一直到江戶時代末期為止，真正的語言不是日語而是漢文的意識還是根深蒂固。

《土佐日記》也是。日記原本應該是男子用漢文書寫的東西，但此日記是以女子的角度書寫，因為是女子所以嘗試用日語書寫完成。可見當時用日語寫散文是多麼困難的事。

換句話說，當時的日語還不是共用語，尚在發展途中。

井上久所寫的電視劇《國語元年》中描述，明治初期也遭遇了同樣的問題。

在江戶時代的社會、文化普及的事物可以用當時的日語充分表現出來，但到了文明開化的時代，對於新出現的事物，僅用江戶時代的日語已經無法充分表現。為此，明治的人首先以英語和其他歐洲語言為基礎，將歐洲語的文章一個字一個字地換成日語，人為創造了文章體裁和語彙。開發新日本語的先鋒是明治時期的文學家。無論是森鷗外、尾崎紅葉，還是夏目漱石，他們的作品如此風靡一世，無論是誰都有讀過，主要的原因就是他們的作品教導了我們新日本語的使用方式。讀者吸收他們的說法，終於可以面對新的時代，表現出想說的話。就算如此，歐洲語是日語原型的意識，一直到第二次世界大戰之後，依舊表現在「原語」、「原書」這些詞彙上。日語建立在英語基礎上的意識，也許現在更為強烈。

「日本人」的自我認同與國際化

「日本」這個觀念是七世紀後半建國運動下的產物，而建國是對抗中國侵略的自衛手段。編纂名為《日本書紀》的歷史，將日本建國寫作是西元前七世紀，即東北亞受到中國影響之前，這個主張本身就是排外運動的一環。

我個人認為，日本現在之所以辛苦背負國際化的課題，是因為日本原本就是非國際化的國家。「日本人原本持有的是純粹的大和心，後來輸入中國文化被漢心染色，之後慢慢變得不好」，這一個本居宣長式的觀念在明治以後一直留在日本人的深層意識當中，有時候對於輸入歐洲文化或美國文化有所抵抗，揚起想要回歸亞洲的願望。

這樣的觀念雖然違反歷史事實，但我認為，日本人之所以容易被拉進這種看法的根本原因在於，日本國和日本文化原本就不是起源於這樣的國際環境。

因此，亞洲大陸和日本列島在西元前二世紀末開始的中國化時代是一體的世界，但自從七世紀日本建國獨立之後就分離了。日本今天之所以可以在世界當中保持獨立，那是因為很早就與亞洲大陸斷絕關係的緣故。然而，現在日本在國際化中吃盡苦頭也是因為這個原因，這就是我得出的結論。

第十二章

日語是人造語

❖ 人造國語是歷史的法則

無論是在哪一個國家，所謂的國語都不是自然存在的東西，而是在建國時人為創造出的東西。這是歷史的法則，日語也不例外。

馬來西亞的建國和人造語

我最常用來舉例的是現代的馬來西亞聯邦。馬來半島原本就是定住人口少的地方，十五世紀初，從對岸蘇門答臘的巨港移居而來的王家在麻六甲建設港口城市開始，才有比較像歷史的歷史。然而，真正的開發是從一五一一年葡萄牙佔領麻六甲的時候開始，之後，分家的蘇丹們在半島各地扎根，從蘇門答臘、爪哇，以及西里伯斯一帶流入許多移民。因此，雖然都是馬來人，但移入地不同，說的語言也不同。此外，從南印度又移入了坦米爾人和阿拉伯人，從中國移入福建人、潮州人、客家人、廣東人，以及海南人。

麻六甲的港口城鎮於一六四一年轉移到荷蘭人手上，一七九五年又脫離荷蘭，成為英國的屬地。馬來半島在這個時候完全屬於人種雜居的地帶。各地馬來人的蘇丹各自擁有神器，自豪是萬世一系的王統，整合各自統治領域中的各個人種，建設城鎮或村落和平共存，但彼此之間沒有共通的語言。就算同是中國人也沒有共通的語言，馬來人之間也沒有。只有少部分受過高等教育的人可以用英語溝通。而且，每一個蘇丹都是獨立的個體，就算是英國，也沒辦法掌握所有的保護權。這就是馬來西亞建國前夕的樣貌。

這時發生了大東亞戰爭。在日本的軍政時代，馬來半島才首度成為單一行政區，接受日本的統治。日本撤退之後，為了對抗陳平的馬來共產黨叛亂，英國於是應用了日本軍留下的鄰組和警備組織與之抗衡。

就這樣，雜居在馬來半島的諸多人種，為了應付戰中戰後的動亂，開始整合成為一個統一的社會，一九五七年終於建立了馬來亞聯邦。一九六三年，沙巴、砂拉越、新加坡加入，成為馬來西亞聯邦，一九六五年，新加坡退出，成為了現在的馬來西亞。

就這樣，國家雖然成立了，但還沒有國語。當初本以為將馬來語當作國語就可以了，但真正實行起來卻不順利。不但沒有所謂標準的馬來語，且大多數馬來人的母語並不是馬來語，而是其他南島語系的語言。再加上馬來語沒有政治的語言和文化的語言，因此沒有可以用來表達近代事物的語彙，也沒有適合做出邏輯論述的文體。此外，人口佔據一半的中國和印度系統的國民集中在城市，在此之前他們接受教育的語言是英語。

為此，人為創造了名為「Bahasa Melayu」的國語為新的公用語。只留下舊馬來語文法的基礎骨幹，語彙全部從英文直譯，聽起來像是馬來語，且語順幾乎都和英語相同。唯一的不同是，後面的名詞用來修飾前面的名詞。

也就是說，這個「Bahasa Melayu」是披著馬來語外衣的英語，在政府機關的公文和與母語不同的人交談時會使用，在這一個層面是屬於真正的「公用語」。這個「Bahasa Melayu」與一般馬來人在日常生活中所說的語言又不相同。首都吉隆坡郊外的八打靈再也（Petaling Jaya）有愈來愈多的馬來人新中產階級，他們在家裡，比起說「Bahasa Melayu」，更以說英語為榮。

雖然也有人嘗試用「Bahasa Melayu」寫小說，但都會變成與英語混合使用的奇妙文章。然而，無論是哪一個文化，比起散文，以前都會有韻文，又或說是歌謠存在。一九七〇年代的馬來西亞也不例外。電視中大部分馬來語的節目都是馬來的民族舞蹈或是歌謠。用「Bahasa Melayu」製作現代劇，可能還需要一段間。

❖ 七世紀的共通語是中國語百濟方言

倭國的語言

現代馬來西亞的狀況與七世紀末、八世紀初剛建國的日本簡直就是一模一樣。

作為日本列島的原住民，倭人於西元前一世紀第一次出現在中國的紀錄當中。這是因為西元前一〇八年漢朝征服韓半島，掌握前往日本列島的貿易路線，中國商人前進日本列島，沿岸港口城市逐漸發達。

之後，從一八四年開始的半世紀，多數的華僑為了躲避中國的戰亂而流入韓半島，在辰韓、弁辰建設了二十四個城市。華僑握有日本列島的商權，倭人諸國各自的市場都在他們的掌握之下。邪馬台國也是其中之一。

三〇四年起的五胡十六國之亂，讓中國再度淪為戰場，韓半島北部的中國人殖民地落入了高句麗的手裡。不久之後的三四〇年代，以漢江溪谷的中國住民為基礎，百濟從高句麗獨立。之後從百濟獨立的則是新羅。這三國的文化都是以華僑的城市文化為核心，當中的百濟負責位於華南的南朝中國與日本列島之間的中繼貿易，因而繁榮。

到了六〇〇年前後，無論是韓半島的高句麗、百濟還是新羅，都有許多中國人居住在這裡。《隋書》中也記載，日本列島西部有一個名為秦王國的地方，大多由移入的中國人組成。

看到《日本書紀》和《新撰姓氏錄》的記載也會發現，過去倭國中心部的攝津、河內、和泉、大和、山城等平原地區的主要聚落，幾乎都是秦人、漢人、高句麗人、百濟人、新羅人等，也就是所謂的歸化人。也就是說，原住民的倭人被趕到了邊緣。

七世紀為止，從韓半島流入日本列島的人們，各自說著不同的中國方言。然而，雖說是方言，但語彙和文法也大不相同。就像現代的福建人、潮州人、客家人、廣東人、海南人無法用方言溝通一樣，秦人、漢人、高句麗人、百濟人、新羅人之間也無法溝通。

為了最起碼的溝通，必須要有某一種共通的語言。現代的東南亞通用簡單的廣東話，華僑之間生意上的往來與爭執就是使用這個被稱為「基礎廣東話」

的語言溝通。不僅限於廣東人之間，潮州人之間也是一樣。這是因為廣東話比起其他的方言更接近書寫語言，因此可以用漢字書寫。廣東話之外的福建話等方言，無法用漢字書寫。生意上為了契約或記帳，當然需要文字。

在七世紀為止的日本列島，發揮共通語功能的語言應該是受南朝中國文化影養最深的百濟方言。這是因為百濟語和其他華僑說的口語相比，同樣是更接近可以用漢字書寫的書寫語言。

日語的誕生

六六〇年唐滅百濟，倭國的百濟援軍於六六三年在白村江口全軍覆沒。六六八年，唐又滅了高句麗。不久之後，唐從韓半島撤退，三十八度線以南由新羅統一。這個新的王國是高句麗人、百濟人、新羅人、倭人、中國人的綜合體。日本列島上的眾多種族為了不被新羅併吞、喪失獨立與自由，於是團結在倭國王家天智天皇之下，創立了日本國。這與馬來西亞聯邦為了對抗日本軍佔領、馬來共產黨叛亂，以及由蘇卡諾發起的游擊戰等一連串的危機，而逐漸成長成一個國家非常相似。

另外，也與現代的馬來西亞一樣，七世紀的日本為了維持政治上的團結，亟須開發新的國語。在此之前，日本列島眾多種族間通用的語言並不是倭人的土語。倭人尚未擁有文字，也沒有政治和經濟相關的語彙，想必也沒有可以讓全日本列島都理解的倭語方言。方言基本上會透過商業活動而普及，但倭人絕對不是大商業種族。

然而，以中文為國語是一件非常危險的事。由於新羅的公用語是中文，為了與新羅對抗維持獨立，必須另做選擇。於是以漢字書寫的中文為基礎，一個字一個字地找出相對應的倭語替換。如果沒有相對應的倭語，則創造聽起來像倭語的詞彙，用來代表與漢語相同意思的字。這就是日語的誕生。

❖ 從《萬葉集》所見的國語開發

剛誕生的日語

從《萬葉集》當中可以看到日語剛誕生時的樣子。《萬葉集》二十卷的大部分都是由八世紀奈良時代的歌人——大伴家持——編纂。《萬葉集》卷七當中，有許多出自〈柿本朝臣人麿歌集〉的和歌，從倭語的寫法看來，應該是年代最久遠的歌。

例如：「天海丹　雲之波立　月船　星之林丹　榜隱所見」這一首歌。

這些漢字的讀法是「あめのうみに　くものなみたち　つきのふね　ほしのはやしに　こぎかくるみゆ（amenoumini-kumononamitachi-tsukinohune-hoshino-hayashini-kogikakurumiyu）」。這首歌最初的「あめ・の（ame, no）」只用了「天」一字意譯，含括了助詞「の（no）」。接下來的「うみ（umi）」是「海」，助詞「に（ni）」則用「丹」字表示。這個「丹」是借字，是利用倭語稱「紅土」為「に（ni）」的寫法。接下來的「くも・の（kumo, no）」是「雲之」，倭語助詞的「の（no）」也用漢字助詞的「之」表示。

倭語動詞的語尾有變化，而漢字的語尾則沒有變化。因此，「なみ・たち（nami, tachi）」的「たち（tachi）」僅用漢字寫作「立」，沒有特別寫出語尾的「ち（chi）」。「こぎ（kogi）」的「榜」、「かくる（kakuru）」的「隱」，也僅用意譯漢字書寫，沒有特別寫出語尾。

最後的「みゆ（miyu）」也是倭語的動詞，但若僅用「見」一字書寫，則無法區分到底是主動的「む（mu）」（見る〔miru〕看），還是被動的「みゆ」（見える〔mieru〕看見）。為了表達這是被動式，於是找出漢字助詞的「所」，寫作「所見」，讀作「みゆ（miyu）」。

柿本人麿是日本建國之初的七世紀後半，在天武天皇、持統天皇、文武天皇之下任官的人，也是《萬葉集》中時期最早的歌人。這個應該是由柿本人麿書寫的〈歌集〉表示法，就像這樣，將倭語單字意譯之後的漢字，依照倭語的語順排列。雖然是意譯，但也會使用借字。其最大的特徵是，關於動詞變化的語尾，並不將音譯漢字書寫出來。另外，關於助詞，有時候會用漢字助詞來意譯，有時候不會。在這個階段，就算稱這種寫法是漢文的一種也不為過。

這是從中文出發，處於跨出第一步階段的日語。這與「Bahasa Melayu」以英語為基礎開發的狀況非常相似。

日語的成長

日語成長的第二階段，可以從收錄在《萬葉集》卷一中，天武天皇的這一首歌中看出。

紫草能　爾保敝類妹乎　爾苦久有者　人嬬故爾　吾戀目八方

讀作「むらさきの　にほへるいもを　にくくあらば　ひとづまゆゑに

われこひめやも（murasakino-nihoheruimowo-nikukuaraba-hitodumayueni-warekohimeya-mo）」。這種寫法無論哪一句，都一定包含了代表意思的漢字。「紫草（むらさき〔murasaki〕）」、「妹（いも〔imo〕）」、「人嬬（ひとづあ〔hitoduma〕）」、「故（ゆゑ〔yue〕）」、「吾（われ〔ware〕）」、「戀（こひ〔kohi〕）」便是。各自再加上倭語的音譯漢字。如果將音譯漢字寫成平假名，則會是這個樣子：

紫草の　にほへる妹を　にくく有者　人嬬故に　吾戀めやも

當中，最後一句的「め（me）」寫作「目」，「やも（yamo）」寫作「八方」，用發音相同但意義不相同的漢字來代表倭語，也就是使用借字。原本應該是和《柿本人麿歌集》一樣用意譯漢字書寫，但想必是《萬葉集》的編者為了容易讀，因此改成了這種寫法。

第三階段可以從比柿本人麿晚、活躍於八世紀初的山上憶良所寫的歌看出。收錄在《萬葉集》卷五的長歌〈貧窮問答歌〉就是山上憶良的知名長歌，內容如下：

世間乎　宇之等夜佐之等　於母倍杼母　飛立可禰都　鳥爾之安良禰婆

讀作「よのなかを　うしとやさしと　おもへども　とびたちかねつ　とりにしあらねば（yononakawo-ushitoyasashito-omohedomo-tobitachikanetsu-torinishia-raneba）」。這種寫法只有名詞「よのなか（yononaka）」寫作「世間」、「とり（tori）」寫作「鳥」，以及動詞「とびたち（tobitachi）」寫作「飛立」是意譯漢字，其他之外的倭語無論是動詞、形容詞或是助詞都是每一個音節借用一個漢字音譯。

從柿本人麿到山上憶良，半個世紀的時間，日語已經成長到這一個階段。就差一步，日語就可以從意譯漢字畢業，成為完全從中文獨立的國語。跨出這最後一步的是山上憶良的晚輩——大伴家持所收錄的歌，也就是《萬葉集》卷十四的〈東歌〉。

例如，「可豆思加乃　麻萬能宇良為乎　許具布禰能　布奈妣等佐和久　奈美多都良思母」，讀作「かづしかの　ままのうらみを　こぐふねの　ふなびとさわく　なみたつらしも（kadushikano-mamanouramiwo-koguhuneno- huna-bitosawaku-namitaturashimo）」。

名詞和其他詞類在這種寫法當中已經沒有區別，倭語的每一個音節都是借用漢字音譯。由於這種完全音譯的方式成立，日語就算使用漢字，但也與中文毫無關係，成為了獨立的國語。

❖《日本書紀》的歌謠表示

漢文意譯與倭語音譯

與大伴家持同時代完成的《日本書紀》，其現行本當中倭語的歌謠也幾乎都採用每一個音節都用漢字音譯的方式。例如〈仁德天皇紀〉的故事當中，仁德天皇的情敵隼別皇子的舍人們教唆主人，企圖殺了仁德天皇，這時舍人們唱的歌是：

「はやぶさは　あめにのぼり　とびかけり　いつきがうへの　さざきとらさね（hayabusaha-ameninobori-tobikakeri-itsukigauheno-sazakitorasane）」。「さざき（sazaki）」是鷦鷯，指的是仁德天皇的本名「あほさざき（ahosazaki）」。在《日本書紀》現行本中，這首歌寫作：

破夜步佐波　阿梅珥能朋利　等弭箇慨梨　伊菟岐餓宇倍能　娑弉岐等羅佐泥

完全採取的是一個音節一個漢字的音譯形式。

然而，其實《日本書紀》最初的原稿似乎並非現在所見的倭語音譯，而是用漢文的意譯。九世紀初平安朝的《日本書紀》學者多朝臣人長於八一三年，對下級官吏六人教授《日本書紀》。《弘仁私記》是當時授課的紀錄。根據《弘仁私記》的引用，這首隼別皇子與舍人們的歌謠寫作：

隼鳥昇天兮　飛翔衝搏兮　鷦鷯所摯焉

完全就是一首漢詩。意思是「隼鳥啊，昇天吧。飛翔襲擊吧。直到抓到鷦鷯為止」。這個意譯的版本比現行本《日本書紀》中收錄的版本屬於更古老的形式。

天武天皇是於六八一年下令編纂《日本書紀》。整個作業費時三十九年，終於在元正天皇的七二〇年完成。期間，關於倭語歌謠的表示方式，似乎中途改變了編纂方針。最初由於尚未開發出倭語的表示方式，於是歌謠只能用漢字意譯的方式書寫。編纂進行途中，表示法逐漸進步，倭語已經可以完全用音譯的方式表現，因此在編纂的最後階段，才會採用如現行本所見的一音節一漢字的音譯表示法。

就算如此，《日本書紀》當中還是有漏掉修改的部分。現行本〈顯宗天皇紀〉中有一段故事：隱藏在民間的顯宗天皇從天而降，一邊唱著一邊表示自己的真實身分。包括借字在內，歌謠的全部文字都是意譯。這顯示了《萬葉集》中，與柿本人麿同時期的當時，日語發展的階段。

平假名和片假名的出現

就這樣，新誕生的日語終於脫離漢字，就算是用耳朵聽，也有更多的人可以理解，具備成為國語的資格。到了這個階段，下一個階段只要想出一音節一字的文字體，就算音譯也不用使用漢字即可。如此一來，與表意文字的漢字最後的聯結也可以切斷，日語就可以成為完全靠聲音、從中文獨立出來的國語。

就這樣，出現了從音譯漢字草書體演化而來的平假名，以及僅取筆劃一部分的片假名。

❖ 晚一步開發韓字的韓半島

韓半島使用的語言屬於中國方言

假名在平安朝初期的九世紀初就已經開發完成，與韓半島相比，時期驚人的早。在韓半島，在日本建國的七世紀，新羅王國也完成統一。然而，新羅與日本不同，公用語是漢文，也就說使用的是中文。本來的新羅語是現代韓語的原形，但在當時終究沒能獲得國語的地位。

據說，七世紀末的新羅學者薛聰，曾經開發了名為「吏讀」的口語表示法。這個吏讀的語彙和語順基本上都是漢文，只有將中間用來代表口語助詞和語尾的漢字，用如同日本漢字和假名混合的方式書寫。因此，與其說是獨立的國語，更像是為了解讀漢文而開發出的輔助手段，可說是中文的變形。這種狀況與廣東話類似。現代的廣東話當中，也有許多無法用漢字書寫的語彙，於是創造奇妙的字，與漢字混合使用。如果廣東話是中文的方言，那麼韓半島的吏讀某種程度上與廣東話相同，屬於中國的方言。

這個吏讀似乎也是詳細表示語尾和助詞，盡量接近口語。利用這種方式寫成的歌謠十四首名〈鄉歌〉，收錄在名為《三國遺事》的書籍當中，自新羅時

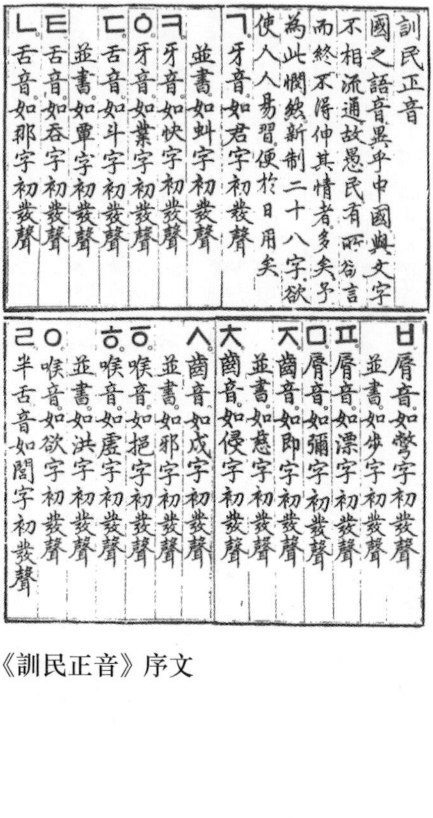
訓民正音
國之語音異乎中國與文字
不相流通故愚民有所欲言
而終不得伸其情者多矣予
為此憫然新制二十八字欲
使人人易習便於日用矣
ㄱ牙音如君字初發聲
並書如虯字初發聲
ㅋ牙音如快字初發聲
ㆁ牙音如業字初發聲
ㄷ舌音如斗字初發聲
並書如覃字初發聲
ㅌ舌音如呑字初發聲
ㄴ舌音如那字初發聲
ㅂ脣音如彆字初發聲
並書如步字初發聲
ㅍ脣音如漂字初發聲
ㅁ脣音如彌字初發聲
ㅈ齒音如即字初發聲
並書如慈字初發聲
ㅊ齒音如侵字初發聲
ㅅ齒音如戌字初發聲
並書如邪字初發聲
ㆆ喉音如挹字初發聲
ㅎ喉音如虛字初發聲
並書如洪字初發聲
ㅇ喉音如欲字初發聲
ㄹ半舌音如閭字初發聲

《訓民正音》序文

代開始流傳至後世。然而，《三國遺事》是距離新羅時代很遙遠的十三世紀高麗時代的產物。因此，就算鄉歌的確存在，但也無法證明韓語在新羅時代就已經成為獨立的國語。

十五世紀創造韓字

韓語是在十五世紀才真正成為韓半島的國語。朝鮮王朝的世宗大王以蒙古的八思巴文字為基礎，創造出了表音式的韓字。一四四六年，公布自己創造的《訓民正音》，並說明其使用方式。韓語在這裡首度脫離漢字，獲得獨立國語的地位。比起日語是在七世紀建國後立刻進行開發，韓語則晚了約八百年。

日本人之所以急著開發國語的目的是為了預防被納入中國或韓半島政治力的支配之下。建立獨自的日本文化，只要盡量降低對漢文的依賴，就可以將中國文化的影響降到最低。

在這樣的背景之下開始的國語開發，光就表現情緒的韻文詩歌來說，如同《萬葉集》所見，可說是非常成功。然而，更加實用且更合乎邏輯的文體開發，就算經過了百年也沒有成功。

❖ 紀貫之實驗開發的日語散文

《土佐日紀》的日語

最好的例子就是十世紀初的平安朝歌人紀貫之。紀貫之對於日語散文的開發有三大貢獻。第一是《竹取物語》，第二是《土佐日記》，第三則是編纂《古今和歌集》，並為之寫下漢文的〈真名序〉和日文的〈假名序〉。

《源氏物語》的〈繪合〉卷中，關於冷泉在帝前殿試中提出的《竹取物語》繪卷一事如此描述：「畫卷是名畫家巨勢相覽所繪，由名詩人紀貫之題字。」從這裡看出有一本紀貫之親筆所寫的《竹取物語》。《源氏物語》寫到「物語始自《竹取之翁》」，最初寫下日文物語文學作品《竹取之翁》散文的似乎就是紀貫之。

《土佐日記》是九三四年紀貫之描述從任地土佐回京的船旅過程，紀貫之以「男子書寫的日記，身為女子的我也想試試」開卷。他指的是「日記都是男子用漢字中文書寫，因為我是女子，所以用日文假名來寫寫看」。他的這種說法等於是宣告，要實驗性地試著用至今為止只適合用來書寫女性化敘情韻文的日語來書寫男性化敘事散文。《土佐日記》中將漢字稱作「男文字」，相對於此，將假名稱作「女文字」。從中可以看出，在十世紀平安朝大多數人的意識當中，都還是認為中文是外向的男性文化，而日文則是內向的女性文化。

從紀貫之為《古今和歌集》所寫的〈真名序〉和〈假名序〉中可以看出，日語的散文是以漢文為基礎人為創造出的東西。

〈假名序〉是日語的散文。開頭所寫的「やまと歌は、人の心を種として、万の言の葉とぞ成れりける」是漢文〈真名序〉「夫和歌者，託其根於心地，

發其華於詞林者也」的直譯。雖然多少有出入，但〈假名序〉基本上是〈真名序〉的直譯。可以看出，紀貫之是首先用漢文寫下〈真名序〉，然後再翻譯成日文，寫成〈假名序〉。

雖然紀貫之費盡苦心，但〈假名序〉日語散文的成效卻不好。有許多地方如果沒有〈真名序〉，根本無法明白是什麼意思。例如「難波津之歌，帝之御初也」。如果參照〈真名序〉「難波津之什，獻天皇」，則可以知道這首歌是華僑王仁獻給仁德天皇的忠告之歌：

なにはづに　さくやこのはな　ふゆごもり　いまははるべと　さくやこのはな

（梅開難津波，越冬越清新。歡喜迎春來，美哉一雪梅）

然而，若僅看〈假名序〉中的「帝之御初也（這是天皇最初的和歌）」，則有些不明不白，不知道想說什麼。

〈假名序〉中有許多類似的不足之處，代表了就算在《古今和歌集》完成的九〇五年，日語的散文文體尚未確立，紀貫之也尚在實驗當中。

散文未發達

從紀貫之的時代經過百年，直到十一世紀初紫式部《源氏物語》的出現，平安朝的物語文學到達了巔峰。就算如此，散文文體的開發還不能說已經完成。其證據就是，《源氏物語》的散文當中，有許多只有出現在《源氏物語》的特殊文法形式。就連紫式部也因為日語文體尚未開發完成而吃盡苦頭，不斷地嘗試努力。

日語散文的開發之所以會如此緩慢，其根本的原因是以漢文為基礎開發。漢字的名詞和動詞沒有區別，語尾也不會變化，因此沒有辦法用邏輯性的方式來顯示字與字之間的關係。甚至沒有一定的語順，因此也沒有文法。以如此特殊的語言為基礎，用訓讀的方式開發日語的語彙和文體，所以日語才會一直不穩定，邏輯性的散文開發才會如此緩慢。

結果，到了十九世紀，改以文法構造清晰的歐洲語，尤其是以英語為基礎，才開發出了現代日語，確立了散文的文體。

不僅是日語，任何新興國家的國語都無法逃過人造語的命運。

第十三章
關於歷史的看法

❖ 歷史是對事物的看法

經常有人使用「歷史的潮流」這種說法。聽起來歷史好像是一條確實存在的河川，從過去世界朝向未來世界，沿著一定的河道不斷地流動。然而，這其實是一種錯覺。一般而言的歷史既沒有一定的方向，也沒有確定的河道，更沒有終點。換句話說，歷史沒有法則，也沒有發展階段，當然也就沒有所謂的「歷史的必然」。更清楚地來說，歷史不存在任誰都可以觸摸、看見的客觀實體。嚴格來說，也沒有所謂的「客觀歷史事實」。

歷史僅存在於我們的意識當中，是看世界、事物的體系。而且，從歷史的角度看世界、看事物，並不是所有人類普遍存在的做法，僅存在於某種文明當中，屬於特殊的文化。

在這裡試著定義歷史。所謂的歷史是「沿著時間軸和空間軸兩方面，用言語說明人類居住的世界，超越一個人直接可以經歷的範圍」。

由於歷史要用語言說明，因此只有日期、地名、人名稱不上是歷史。年表也不是歷史。敘述歷史的一方賦予主觀的意義，資料才能成為歷史。

人類並不會將實際發生的所有事情都記錄下來。會特別將某件事情記錄下來，一定有其動機。成為歷史材料的紀錄是記錄者寫下發生某件事的主觀紀錄，透過紀錄讓讀者知道發生某件事，是記錄者意志的表現。因此，留下紀錄的歷史事實全部都是透過記錄者的主觀意識。

歷史並非從自然之初就存在的東西，而是由歷史家書寫創造出的東西。歷史家利用他人留下的紀錄書寫歷史。這時，就因為紀錄上如此寫著就完全接受他人的主觀意識，那麼就寫不出好的歷史。

歷史有好的歷史與壞的歷史之分。好的歷史是邏輯通順，說明中沒有任何的破綻或矛盾。為了寫出好的歷史，首先必須好好審視每一個史料都是在什麼樣的環境、立場、意圖之下所寫，還必須理解記錄者主觀介入之前的原始樣貌。綜合所有的資訊，歷史家再決定如果自己在現場會如何看待這些事物。

每一個史料的可信度都不相同。尤其是古時代，有許多留下來的史料都是虛構的內容。這時，只能依靠「只要是在人世，現代不可能發生的事古代也不可能發生」的原則判斷。就算是古代，只要不是神話諸神的時代，就不可能是有如童話故事般的魔法世界。

能夠從史料中擷取的資訊量有其限度。不足夠的部分只能靠合理的判斷彌補。尤其是當時被認為是理所當然而沒有特別記載的事，當然也就不會留下來。尤其是古代史，很容易因為哪裡都沒有寫，就憑著紀錄的隻字片語，任憑自己的想像力奔放馳騁。這種做法可能會有一種解放感，是非常愉快的一件事，但這只稱得上是自由創作，而不是合理的判斷。

從各種角度看史料，說明當中沒有任何理論上的矛盾，這種合理的說明就是俗稱的「歷史事實」。將這樣的歷史事實，沿著時間軸和空間軸排列，用因果關係加以聯結整理，再用言語說明所呈現的世界全貌，這就是歷史。

由於歷史具有這樣的性質，因此並非有人類以來就有歷史。也不可能有「沒有紀錄的時代的歷史」這樣的事。

有了文字的使用之後，才首度有歷史。為了能夠使用文字，則必須有城市生活。就算城市文明成立、有了文字的紀錄，歷史也不會自動產生。為了能夠集結紀錄、用統一的理論說明，進而敘述歷史，則必須要有範圍廣大的集團，以及集團的自我認同。

地中海型與中國型的歷史

歷史是西元前五世紀的地中海文明與西元前二世紀的中國文明各自獨立產生的文化。地球上其他的文明沒有獨立產生名為歷史的文化，就算有也是複製地中海或中國而來。

地中海文明的「歷史之父」是希羅多德。希臘人諸城市團結對抗席捲世界的波斯帝國的威脅，於西元前四八〇年的薩拉米斯海戰中獲勝的事件是希羅多德編寫《歷史》（*Historiai*）一書的契機。在希羅多德的構想當中，世界是亞洲對歐洲、東對西、野蠻對文明這般對立與抗爭的場所。書名的「historiai」是希臘語名詞的複數形，代表的是「經過調查之後知道的事情」之意，並沒有「歷史」的意思。在此之前沒有歷史這個概念，因此沒有這層涵義也不奇怪，由於這是世界最早的歷史書，因此之後「history」就成為了「歷史」的意思。

希羅多德最後是以歐洲戰勝亞洲做結，這成為了歷史寫法的範本。之後，當基督教滲入地中海文明之後，〈啟示錄〉中將世界當作代表善的原理的「上帝」軍隊與代表惡的原理的「撒旦」軍隊對抗的戰場，最後善擊敗惡，世界結束。這種二元論就是受到希羅多德東西對抗的歷史觀的影響。

因此，位於地中海文明分水嶺的西歐人根深蒂固地認為，歷史就是從對立走向整合的過程。好像有一個最後的終點，全世界都朝著這個終點前進。

西歐文明是有歷史的文明。由於從地中海文明借來了歷史文化，因此他們擁有「自己是羅馬帝國後裔」這個共通的歷史自我認同。相對於此，北美文明是沒有歷史的文明。因此，創造自我認同的不是歷史，而是意識型態。

美利堅合眾國在獨立戰爭之前沒有歷史。創造「美國人」這個自我認同的不是歷史，而是一七八八年「合眾國憲法」自由與民主主義的意識型態。一開始的美國人藉由發誓效忠憲法，自發性地與過去絕緣，選擇成為美國人。就算是建國經過二百年的現在，美利堅合眾國大多數的國民都還是移民二代或三代，因此幾乎沒有全體國民共有的歷史。

「history」這個字在美國代表「誰都知道的事情」，輕描淡寫的用法也反映出了這個特殊的內情。我曾經看過有位名人的夫人在講到自己與丈夫的相遇時說道：「剩下的就是歷史了（The rest is history）。」歷史這個文化對於北美文明而言不過是從西歐文明借來的東西，沒有太特殊的意義。

日本文明是有歷史的文明。日本這個國家不是由憲法創建的國家，也不是移民聚集到一個空地創造的國家。雖然不記得或是沒有紀錄，但日本是由身負先祖世世代代從以前到現在建立的人際關係所構成的國家。對於這樣的日本人而言，歷史是隨時存在的東西，具有眼睛看不見的力量，影響日本人的想法、看法以及行動。這種感覺不存在於美國的氛圍當中。換句話說，相信他人可以自由決定個人意志的大概只有美國人。

日本文明中「歷史」這個文化是從中國文明借來的東西。在中國文明中，相當於希羅多德的人是《史記》的作者司馬遷。司馬遷是西漢武帝身邊的人，擔任編寫史書及兼管典籍、天文曆法、祭祀等的太史令。

武帝從西元前二世紀起至前一世紀，在位長達五十四年。在其治世期間，中國從原本北自黃河南至長江（揚子江）的地區開始一下子膨脹，將當時人們所知道的世界逐一收入版圖。君臨的武帝已經到達人類可以到達的最高地位，相當於神一般的存在。

在這個時代，中國世界其實已經到達了人類想像力的極限。司馬遷的《史記》敘述世界以武帝為中心運轉，範圍遍及天文、地理、人事各般。同時說明武帝巨大權力的起源，從神話時代的黃帝開始，貫穿五帝、夏、殷商、周、秦各時代，一直到西元前二世紀末當時為止，敘述「天命」不變的「正統」。《史記》的寫法決定了之後中國的歷史文化。雖然同樣屬於擁有歷史的文明，但與地中海文明或西歐文明以對立與抗爭為歷史的本質不同，中國文明的歷史藉由敘述穩定不變的世界來證明皇帝權力的正統性。當中沒有世界從何而來、要往何去的觀念。就算如此，因為是擁有歷史的文明，因此不僅是現在眼睛所看得見的世界，對於過去的世界也用同等的價值看待。

❖ 日本型的歷史屬於反中國

日本的歷史從七二〇年完成的《日本書紀》開始。西元前一〇八年，漢朝武帝滅了朝鮮王國，韓半島成為了直轄的殖民地。從此之後，日本列島上的倭人住民不斷受到中國文明的衝擊，就算如此，一直到他們寫下《日本書紀》為止，經歷了八百年以上的歲月。

在這段漫長的原始時代，倭人們在政治、軍事、經濟上屬於亞洲大陸，但尚未擁有屬於自己的歷史。這些倭人們在七世紀突然覺醒，成為了日本人，這是因為面對中國的威脅而必須採取的自我防衛。

六六〇年，唐帝國與新羅王國聯手，大軍登陸韓半島，首先滅了百濟王國。由於百濟長年都是倭國的同盟國而與新羅為敵，因此當時的倭國女王皇極（等於齊明）派遣倭兵前往韓半島，試圖復興百濟。然而，在六六三年的白村江之戰中被唐軍擊潰。接下來，高句麗王國也在六六八年被唐軍所滅。

倭人們就這樣完全被趕出了亞洲大陸，在海上孤立。成為世界孤兒的倭人們緊急團結，開創了日本列島最初的統一王國——日本國。高句麗滅亡的六六八年，在近江大津即位的天智天皇成為了日本最初的日本天皇，這就是日本的建國。

與擁有歷史的中國文明絕緣而完全孤立的日本，由於同樣也是擁有歷史的文明，為了與中國對抗、主張獨自的自我認同，必須要有自己的歷史。著手編纂國史的是天智天皇的弟弟天武天皇。

六八一年開始著手，經過三十九年，七二〇年《日本書紀》完成。內容主張，天智、天武兄弟的祖先從天上諸神手中繼承正統，一直以來統治日本列島整體，而且完全無視中國的影響。這與從中國的紀錄當中看到的事實完全相反。但從日本建國原本就是為了預防中國的侵略這個角度來看，可以理解為什麼有必要做出這樣的主張。

無論是哪一個文明，最初寫下的歷史，其框架限制了人們的意識。《日本書紀》中表現出的「日本與中國對立」、「獨自從天繼承正統的國家」的這些思想，永久地決定了日本的性格。這種思想本身借用的是中國自《史記》以來的歷史框架，屬於中華思想的一種，定出與中國正統不同的日本正統，當然就代表了中國和日本不能兩立。因為，天命的正統全世界應該只有一個。

日本的遣唐使以八三四年的第十七次為最後遭到廢除，期間一次也沒有帶著正式的國書前往唐朝。也就是說，日唐之間不存在正式的外交關係。這代表了中國皇帝不承認世界上還有其他與之對等的存在，因此不可能收下日本天皇的對等國書，兩國當然也就不可能建立對等的外交關係。

進入十五世紀，前征夷大將軍足利義滿自稱日本國王，派遣使者晉見明朝永樂帝，他的兒子將軍足利義持，獲永樂帝封為「日本國王」。其子孫一直到一五四七前為止，總共朝貢十一次。然而，征夷大將軍一職由天皇任命，並非日本真正的元首，因此也稱不上是正式的外交關係。

結果，日本與統治中國的政權第一次建交是一八七一年（明治四年）的《日清修好條規》。距離日本建國經過了一千二百年。

然而，這個《日清修好條規》的對象國並非中國，而是清帝國。清是滿洲人的帝國，這個時代的中國並非一個獨立國，充其量不過是在滿洲人統治之下的殖民地。因此，一八九四至一八九五年的日清戰爭不是日本與中國之間的戰爭，而是日本與滿洲人的戰爭。日清戰爭的結果，日本領有臺灣，接受的不是中國的割讓，而是滿洲人清帝國的割讓。

無論如何，日本與尚在滿洲人殖民之下的中國之間建立直接外交的時間還不足一百四十年。也就是說，「日中友好」的歷史不過一百四十年。而且在這一百四十年間，無論是對日本還是中國而言都是災難頻頻。日本很早就成功近代化，但清帝國的近代化卻花了很長的時間也沒能成功。

日清戰爭之後，清朝終於著手輸入日本型的近代化，但結果卻是一九一一年辛亥革命導致的清帝國崩壞。翌一九一二年於中國誕生的中華民國，主張繼承了包括邊境在內的清帝國統治權，但實際上無法統治中國之外的地方。而且，雖然有共和國之名，但其實是軍閥割據造成內戰不斷，日本與中國的關係愈深，則中國的狀況威脅日本安全的程度也愈大。這時俄羅斯發生革命，再加上共產主義的威脅，結果日本因為中國而做出錯誤的國策，導致接連發生滿洲事變、支那事變、大東亞戰爭，日本愈陷愈深，陷入亡國危機。

好在大東亞戰爭之後因為美蘇對立而使得日本再度與中國絕緣，期間享受了前所未有的繁榮，但在蘇聯崩壞、共產主義威脅消失的現在，日本逐漸與至今在政治、軍事、經濟上極度不穩定的中華人民共和國締結緊密的關係。

日本人自七世紀建國以來一直到十九世紀為止，一直在意中國的存在，卻又避免與中國建立深入的關係。所謂的鎖國是日本建國以來的國是。從地緣政治學的角度看來是必然的結果，也是日本的歷史。因無法避免關係而被中國捲入，最後失敗的也是日本的歷史。

❖ 從國史到世界史

文明可以分為有歷史的文明和沒有歷史的文明。就算同樣是有歷史的文明，根據文明不同，歷史的框架也不相同。對於一個文明而言「正確」的歷史，和對於其他文明而言「正確」的歷史之間產生矛盾，是彼此的宿命。產生矛盾的原因是框架的不同。框架不同的東西，當然不可能相同。無論收集多少國民相信的正確國史，加起來的總和也不會是世界史。

現在還沒人能寫出真正的世界史。寫出的最多是從西歐人的角度出發、作為西歐史延伸的「世界史」。用這個方式能夠處理的「世界史」最多是十八世紀末之後的時代。從紀錄開始以來人類活動的大部分，都被這樣的「世界史」排除在外。

再加上時代區分也是一個問題。時代區分基本上都是將自己出生之後的「現在」稱為「現代」，出生之前的「過去」稱為「古代」，如此一來，要從哪一個時間點開始區分則會因人而異。如果要作為社會共同的區分，那麼很快就會出現問題。如果是同一個國家內的區分也就算了，如果要做世界性的時代區分，那麼問題就會愈來愈大。

如果在「古代」和「現代」之間再插入一個「中世」，那麼情況只會愈來愈惡化。「中世」代表的是「準備階段的時代」。「古代」的世界慢慢進化進入「現代」，而其間的準備階段就是「中世」。這種看法是將「現代」視為結局應有的樣子，世界為了進入「現代」而經過了漫長的努力。

然而，「現代」不過是看歷史的每一個人各自生存的世界。對於人類整體而言，「現代」實在稱不上就是世界的終點。

從結論而言，無論是「古代」、「中世」、「現代」，還是「原始共產制」、「古代奴隸制」、「中世封建制」、「近代資本制」、「未來共產制」，恐怕世界史不可能有一個具有普遍性的時代區分。有的不過是在各自的分野、各自的地域，為了敘述上的方便而做出的時代區分。

在書寫真正世界史的時候，先決要件是超越各個文明歷史框架，開發出全新的共同框架。如果在這個全新框架之下書寫歷史，則有可能違背原本國史呈現出來的樣貌，與國家的利益相衝突，甚至可能會傷害國民的情感。不僅是日本，無論是哪一個國家，所謂的國史都是用虛構的內容來為自我辯護。

本書的書名是「日本史的誕生」。六六八年日本國誕生之前的歷史既不是日本史，也不是日本古代史。用反映日本國誕生當時政治必要的《日本書紀》框架，套用在之前日本列島的歷史上是時代的錯誤。然而，全盤相信遵守《史記》框架所寫的中國正史紀錄，從世界史的立場來看也是錯誤的做法。更不用說反映十二世紀韓半島政治的《三國史記》當中的記述，當然也是錯誤的。

不僅是單純地將史料綜合起來，更要理解各個史料的政治性質，還原背後的內情。這才是作為世界史的一部分，看待、書寫日本建國史的方式，也是本書做出的嘗試。

後記

本書收錄的各章皆是以不同時期刊登在不同刊物上的文章為基礎寫成。然而，於一九九四年弓立社發行同名單行本的時候，採納了宮下和夫社長的意見，進行了徹底的修訂。本書出版的背後，有著宮下和夫先生的熱情。

這一次發行文庫本，宮下先生選的照片幾乎都沒能納入，但留下了當時製作的系譜圖等圖表。地圖有些是沿用，也有一些是全新製作。

其他的更動還有在發行單行本的時候，採用的是論文的文體，這一次統一修改。由於集結了原本刊登在不同刊物上的文章，因此有些同樣的事情反覆寫了很多遍，但考慮到整體文章的脈絡而沒有特別修改。然而，原本收錄在最後、與民族學者大林太良先生的對談〈邪馬台國與倭國〉則加以省略。

為了記錄本書出版的始末，下面列出各章原本刊登的刊物。序章是為了發行單行本而特別寫下的內容。

我是在一九七〇年第一次論及至日本建國為止的東亞歷史。《諸君！》二卷九號（文藝春秋，一九七〇年九月）刊登的〈邪馬台國過去是中國的一部分〉是我發表有關倭國的第一篇論文，第一章就是改訂這篇文章而來。

第二章〈邪馬台國的位置〉是為單行本特別寫下的章節。

第三章〈親魏倭王卑彌呼與西域〉是綜合修訂〈西域與卑彌呼　親魏倭王的真面目〉（《月刊絲路》，一九七七年）、〈親魏倭王卑彌呼的真面目〉（《歷史與人物》，中央公論社，一九七七年）、〈邪馬台國不曾存在〉（《歷史與旅行》，秋田書店，一九七八年）三篇而來。

第四章〈倭人與絲路〉修訂自《東亞的古代文化》（大和書房，一九七八年）、第五章《日本建國前的亞洲情勢》修訂自《橫濱市教育文化中心　文化演講會紀錄集》（一九八一年）、第六章〈中國眼中的遣唐使〉修訂自《ＩＢＭ生活》（一九八一年）。

第七章〈《魏志東夷傳》的世界〉原題為「評論《魏志倭人傳》」，刊登在《古代東亞史論集》（末松保和博士古稀紀念會編，吉川弘文館，一九七八年），以此為基礎改寫。由於原本是針對歷史學專家所寫的論文，因此在用語和文體上難免僵硬，為了收錄在本書當中，改寫成比較平易近人的版本。

我是在一九五〇年爆發朝鮮戰爭前夕進入舊制東京大學文學部的東洋史學科（一九四九年開始四年制的新制，三年制的舊制一直並存至一九五〇年）。當時進入文學部等於直接失業，尤其東洋史又被認為是最沒有用的學科。抱著這種覺悟選擇了這一條路，更刻意選擇最沒有人氣的領域，聽了朝鮮史專家末松保和先生的課。末松先生原本是學習院大學的教授，之前在朝鮮總督府的朝鮮史編修會任職，後來成為京城帝國大學的教授，是韓半島新羅統一之前與新羅時代歷史的權威，著有名著《任那興亡史》。

不用說，新羅統一之前的韓半島史除了《三國史記》之外，主要的史料來自〈魏志東夷傳〉和《日本書紀》，因此先生授課的時候不僅是朝鮮史，也含括了中國史和日本史，對於我看歷史的方式有著很大的啟發。一九五三年東京大學畢業之後，承蒙末松先生收留，進入了先生在學習院主持的東洋文化研究所任職二年，負責整理與朝鮮有關的文獻。現在回想起來，這個經驗有助於我養成有別於東洋史和日本史的觀點。

第二部第八章〈日本的誕生〉是發行單行本時寫下的章節。第九章〈神諭創造的「大和朝廷」〉原題〈喚醒古代的真實與浪漫〉，刊登在《正論》六五號（產經新聞社，一九七九年）。第十章〈新神話——騎馬民族說〉刊登在《日本文化會議月報》（日本文化會議，一九七七年）。全部都經過修訂。

第十一章〈日本人是單一民族嗎〉原題〈再論日本人單一民族論——尤其在東北亞的歷史當中〉（Executive academy series），根據一九八六年十二月在大倉酒店進行的演講筆記寫成。邀請我演講的是已故的新井俊三先生，他在離開三菱信託銀行之後擔任財界人士的智囊，成立國際關係基礎研究所。自我開始針對中國問題發言的一九七一年以來，與新井先生有了進一步的交流，每年有幾次機會在他主辦的早餐會上發表演講，這就是其中之一。為了收錄在本書中而進行整理。

第十二章〈日語是人造語〉改訂自《言論人》（一九七八年），第十三章〈關於歷史的看法〉則改訂自《月曜評論》（一九九〇年）。

正如本文各處所述，《日本書紀》書中女帝推古天皇和聖德太子所在的時代，根據中國正史《隋書》的記載，這時應該是男的倭國王。無論怎麼看，《日本書紀》的記述都非常可疑，因此聖德太子是否真的存在，引發了各種爭議。到了最近，我採取的是聖德太子確實存在的看法。然而，他存在的年代並非《日本書紀》中所寫的年代，而是在其他時候。

這一次，文庫本的封面所選用的〈傳．聖德太子像〉，其實是八世紀的作品，他穿的不是飛鳥時代人物的服裝，而是唐人的裝束。由於類似的圖畫在中國西安也有出土，因此現在被認為畫中之人並非聖德太子。日本國尚未誕生的七世紀初，不存在肖像畫。然而，由於這是過去一萬日圓紙幣採用的圖畫，廣為日本人所知，所以才刻意選擇這幅畫作為封面。

另外，我其他與本書相同主題的著作還有收錄一九七六年起分十次連載於《諸君！》中文章而成的《倭國的時代》（文藝春秋，一九七六年。後朝日文庫，一九九四年），以及《倭國》（中公新書，一九七七年）。《倭國的時代》已經絕版，《倭國》則有幸不斷再版，現在已經來到了三十五版。

二〇〇八年三月
岡田英弘

日本史の誕生

東亞視野下的日本建國史

作者、岡田英弘
譯者、陳心慧
總編輯、富察
責任編輯、許奕辰
企劃、蔡慧華
封面設計、廖韡

社長、郭重興
發行人兼出版總監、曾大福
出版／發行、八旗文化／遠足文化事業股份有限公司
二三一新北市新店區民權路一〇八－二號九樓
電話、（〇二）二二一八－一四一七
傳真、（〇二）二二一八－八〇五七
客服專線、〇八〇〇－二二一－〇二九
信箱、gusa0601@gmail.com
部落格、gusapublishing.blogspot.com
臉書、www.facebook.com/gusapublishing
法律顧問、華洋國際專利商標事務所／蘇文生律師
印刷、成陽彩色印刷股份有限公司
出版、二〇一六年十月初版一刷
二〇二一年九月初版四刷
定價、三六〇元

日本史的誕生：東亞視野下的日本建國史／
譯自：日本史の誕生：千三百年前の外圧が日本を作った

岡田英弘著；陳心慧譯.
－初版.－新北市：八旗文化出版：遠足文化發行，2016.10
336面；14.8×19.5公分
ISBN 978-986-93562-2-0（平裝）
1. 日本史
731.1　　105016038

日本史の誕生
千三百年前の外圧が日本を作った